四书五经

何亚辉 编著

〔第五卷〕

光明日报出版社

礼记选录

曲 礼 上

【原文】

《曲礼》曰：毋不敬，俨若思，安定辞，安民哉。

敖①不可长，欲不可从，志不可满，乐不可极。

贤者狎而敬之，畏而爱之。爱而知其恶，憎而知其善。积而能散，安安而能迁。临财毋苟得，临难毋苟免，很毋求胜，分毋求多，疑事毋质②，直而勿有。

【注释】

①敖（ào）：与"傲"同，骄傲之意。
②质：判断。

【译文】

《曲礼》说：一切行为准则全都以"敬"为基础，态度要端庄持重像若有所思的样子，说话亦要安详而确定。这样才能让人信服啊！

傲慢不能滋长，欲望不能放纵，志意不能自满，享乐不能过度。

比我善良而能干的人要和他亲密而且敬重他，畏服而又爱慕他。对于自己所爱的人，要能分辨出其短处；对于厌恶的人，亦要能看出他的好处。能积聚财富就要能分派财富以造福于全民。虽然适应于安乐显荣的地位，但也要能适应不同的地位。遇到财物不要随便据为己有。遇到危难不要轻易躲避，与人争执不必追求胜利，分派财物不要求很多，有怀疑的事情不要臆断，已经明白的事情不要自夸知道。

【原文】

若夫①坐如尸②，立如齐③，礼从宜，使从俗。

夫礼者，所以定亲疏，决嫌疑，别同异，明是非也。礼不妄说④人，不辞费。礼不逾节，不侵侮，不好狎。修身践言，谓之善行。行修言道，礼之质也。

礼闻取于人，不闻取人。礼闻来学，不闻往教。

①夫：这里指成年男子。

②尸：扮作先祖的样子代其祭寿的活着的晚辈。古代有"尸居神位，坐必矜庄"的说法。

③齐（zhāi）：与"斋"通假，有斋戒之意。

④说（yuè）：后写作"悦"，喜欢，高兴。

【译文】

成年人如果坐，就要像祭祀中装扮的受祭人那样坐得端正，站就要像祭祀前斋戒时那样站得恭敬。行为的准则要求适合事理，做使者的人要顺应所在地方的风土习俗。

礼啊，是用来确定亲近疏远、判断疑惑怀疑、区别相同与不同、明辨正确与错误的。依礼而言，不随便取悦于人，不说没有用的话。依礼而行，不僭越节度，不侵犯怠慢，不因喜欢而亲近显得不庄重。提高自身修养，履行诺言，这就是所谓的良好品行。品行得到完善，并且言谈符合常理，这就是礼的本质啊。

关于礼的学问，只听说过从别人身上取法学习，没听说过自己能够体会出来的；只听说过不懂的人前来投师学习，没听说主动上门去传授的。

【原文】

道德仁义，非礼不成；教训①正俗，非礼不备；分争辨讼，非礼不决；君臣上下，父子兄弟，非礼不定；宦学②事师，非礼不亲；班③朝、治军，莅④官、行法，非礼威严不行；祷祠、祭祀，供给鬼神，非礼不诚不庄。是以君子恭、敬、撙、节⑤、退、让以明礼。

鹦鹉能言，不离飞鸟；猩猩能言，不离禽兽。今人而无礼，虽能言，不亦禽兽之心乎！夫唯禽兽无礼，故父子聚麀。是故圣人作，为礼以教人，使人以有礼，知自别于禽兽。

【注释】

①训：规范，准则。

②宦：谓学仕宦之事；学，谓习学《六艺》。

③班：分层次等级之意。

④莅：临，从上监视着，统治。

⑤撙：有意克制的意思。节：节制，节约。

【译文】

道德仁义，没有礼就不能称其为道德仁义；教育训导，端正风俗，没有礼就不能完备；分解争辩、辨别争讼，没有礼就不能决断，君主和臣下，地位高的和地位低的，父亲和儿子，哥哥和弟弟。他们之间的名分，没有礼就不能确定；出外游学、侍奉老师，没有礼就不能做到亲密；排列朝廷上的等级、治理军队、监督官员、行使法律，没有礼就不能树立威严；到祠堂祈祷祭祀，供奉鬼神，没有礼就显得不真诚、不庄重。所以有德有位的君子一定要以恭敬谦抑退让的精神来彰明礼教。

鹦鹉能学舌，也不过是飞鸟；猩猩虽能走路，终不过是走兽。现在人如果不讲礼义，虽然能够说话和走路，不也是禽兽之心吗？唯有禽兽没有礼，所以父子共一头牝兽。古代圣人，为这缘故，特依道德仁义而制订了一套标准的行为，使得人的行为有了准则，而知道自己不是禽兽。知道把自己和禽兽区别开来。

【原文】

太上贵①德，其次务施报。礼尚往来，往而不来，非礼也；来而不往，亦非礼也。人有礼则安，无礼则危。故曰：礼者，不可不学也。夫礼者，自卑而尊人，虽负贩者，必有尊也，而况富贵乎！富贵而知好礼，则不骄不淫；贫贱而知好礼，则志不慑②。

人生十年曰幼，学；二十曰弱，冠③；三十曰壮，有室；四十曰强，而仕；五十曰艾，服官政；六十曰耆，指使；七十曰老，而传；八十九十曰耄，七年曰悼。悼与耄，虽有罪，不加刑焉。百年曰期颐。大夫七十而致事，若不得谢④，则必赐之几⑤杖，行役以妇人，适四方，乘安车，自称曰老夫，于其国则称名，越国而问焉，必告之以其制。

谋于长者，必操几杖以从之。长者问，不辞让而对，非礼也。

【注释】

①贵：重视，崇尚。

②愞：胆小之意。

③冠（guàn）：古人中，二十岁的男子要行加冠之礼，从这时起，意味着已经长大成人。

④谢：指推辞。

⑤几：矮而小的桌子，用以放置东西或倚靠休息。

【译文】

上古时代，人心非常淳朴，凡事想做就做，只重老实，没有什么准则。礼提倡往来：此人前往施惠而彼受惠者不来报答，不符合礼的要求；彼人来施惠而此人不前往报答，也不符合礼的要求。人有礼社会就安定，没有礼社会就会产生危险，所以说：礼啊，是不可不学的。礼的精神在于克制自己而尊重别人。虽然是微贱之辈，犹有可尊重的人，更不要说富贵的人们了。惟是，富贵的人懂得爱礼，才不至于骄傲而淫侈；贫贱的人懂得礼，则其居心也不至于卑怯而无所措其手足。

人十岁的时候称为"幼"，开始学习。到二十岁，学识经验虽还不够，但体力已近于成人，故可行加冠之礼，从此把他当做成人看待。三十岁的时候称为"壮"，结婚成家。到了四十岁，才称得上是强，可以入仕，服务于社会。五十岁的时候称为"艾"，可以主持行政大事。六十岁的时候称为"耆"。可以指使别人做事。七十岁的时候称为"老"，可以传授宗庙祭祀事务给后辈。八十、九十岁的时候称为"耄"，七岁称为"悼"。处于"悼"和"耄"年龄的人即使触犯法律，也不施加以刑罚。一百岁的时候称为"期"，应保养休息。大夫的官，到七十岁，可以将行政工作交还君主，而告老还乡。如果辞官没有得到允许，那么就必然赐给他桌几、拐杖，因公事外出时要派着妇人跟随照料，如果出巡各个地方，应乘坐安车。这样的老者，虽有资格自称为"老夫"，但是在国内就要称名字。在别的国家被提问，一定要告诉自己的制度给他们。

跟长辈商议事情，一定随带着倚几和手杖。长辈有所问，如果不先说句客气话而径直回答，也不合乎礼。

【原文】

凡为人子之礼，冬温而夏清①，昏定而晨省②，在丑③、夷④不争。

夫为人子者，三赐不及车马⑤，故州闾、乡、党称其孝也，兄弟亲戚称其慈也，僚友称其弟也，执友称其仁也，交游称其信。见父之执，不谓之进不敢进，不谓之退不敢退，不问不敢对，此孝子之行也。

夫为人子者，出必告，反必面，所游必有常，所习必有业，恒言不称老。年长以倍，则父事之；十年以长，则兄事之；五年以长，则肩随之。群居五人，则长者必异席。

【注释】

①凊（qìng）：与"庆"同音，凉的意思。

②省（xǐng）：探视，问候。

③丑：同类。

④夷：平辈。

⑤三赐不及车马：三赐，是指封赐三次。在周代，官吏制度是分等级的，从一到九命，每一命所受的待遇是不同的，都有各自特等的礼服和赏赐的东西，三命以上，就能拥有周王赏赐的车马。文中是因为父母在上，不敢享用如此的待遇。

【译文】

做儿女之礼，要让父母冬天温暖，夏天清凉，晚上替他们铺床安枕，清早向他们问候请安。而且要与平辈共处，绝无争执。

做儿子的人，做三命之官而不接受赏赐的车马。因此州同乡党的人都称赞他的孝顺，兄弟和亲戚都称赞他的慈爱，一起做官的人和朋友们都称赞他的孝悌，志同道合的朋友都称赞他的仁爱，和他交往的人都称赞他的信用。见到和父亲志同道合的朋友，他不说上前就不敢上前，不说退下就不敢退下；没有问话，不敢发言。这就是孝子应有的行为啊。

作为子女，出门时要当面禀告父母，回家时也要如此。出游须有一定的地方，所练习的要有作业簿，使得关心你的父母有所查考。平时讲话不要自称"老"字。对于年纪比自己大一倍的人，就像侍奉父亲那样侍奉他，比自己大十岁的人就像侍奉兄长那样侍奉他；比自己大五岁的人，就可以与他并行而稍微靠后一些。五个人坐在一块儿，就必须要为年纪最长的人另外设立席位。

【原文】

为人子者，居不主奥①，坐不中席，行不中道，立不中门，食飨②不为概，祭祀不为尸。听于无声，视于无形，不登高，不临深，不苟訾③，不苟笑。

孝子不服暗，不登危，惧辱亲也。父母存，不许友以死，不有私财。

为人子者，父母存，冠衣不纯④素。孤子当室，冠衣不纯采。

幼子常视毋诳。童子不衣裘、裳。立必正方，不倾听。长者与之提携，则两手奉长者之手。负、剑，辟咡⑤诏之，则掩口而对。

【注释】

①奥：一间屋子的西南角，是长者或尊者所坐的位置。
②食飨：食飨，食与"四"同音，本词是指让父母享用的食物。
③訾（zǐ）：毁谤，诋毁，非议。
④纯：衣服鞋帽的镶边。
⑤咡（èr）：口旁，两颊。

【译文】

作为子女，平常家居，不要占住尊长位置，不要坐当中的席位，不要走当中的过道，不要站当中的门口。遇有饭食的宴会，要多要少，不可自作主张。祭祀的时候不能做受祭的人。能在无声中听到自己应该听到的，能在无形中看到自己应该看到的。不攀登高的地方，不去到低洼的地方。不随便诋毁别人，不随便嬉笑。

孝子不做暗事，不登临危险的地方，担心辱没父母的名声。父母在世的时候，不能对朋友许死，不能私存钱财。

作为子女，当父母活着时，戴的帽，穿的衣，不能用素色镶边，因为那样很像居丧。父亲去世自己主持家务，帽子和衣服不能是彩色的镶边。

平常不可以用谎话教导儿童。儿童不必穿皮衣或裙子。年幼的孩子平常看东西不要瞟眼，站着一定要端正，不要做偏头听的样子。年长的人伸手要后辈搀扶，后辈就必须两只手捧着年长人的手。长者在胁下夹抱儿童或者探身在儿童耳边吩咐事情时，儿童要用手遮住嘴巴来回答。

【原文】

从于先生，不越路而与人言。遭先生于道，趋①而进，正立拱手。先生与之言则对，不与之言则趋而退。从长者而上丘陵，则必向②长者所视。

登城不指，城上不呼。将适舍，求毋固。将上堂，声必扬。

户外有二屦③，言闻则入，言不闻则不入。将入户，视必下，入户奉扃④，视瞻⑤毋回。户开亦开，户阖亦阖。有后入者，阖而勿遂。毋践屦，毋踏席，抠衣趋隅，必慎唯诺。

大夫士出入君门，由阃右，不践阈。

【注释】

①趋：小步快走，惶恐不安的样子。

②向（xiàng）：面对着，朝向的意思。

③屦（jù）：用麻、葛制成的鞋。

④扃（jiōng）：从外面关门的门闩。

⑤瞻：往上或往前看。

【译文】

跟着先生一块儿走路，不能走到前面去和别人说话。在路上遇见先生，就要跨大步进前，拱手正立着。老师和你说话你就回答，不和你说话就小步迅速地退下去。跟随年长的人登山，必须面向着年长的人所看的方向，要朝着长辈的目标看，预备长者对那目标有所问。

登临城楼不能指指点点，在城楼上不能大声呼叫。将要拜访人家，不应粗鲁。将要走到人家的堂屋，首先应高声探问。

看到门外有两双鞋子，如果听到屋里有人说话就进去，听不到说话就不进去。将要进门的时候，必须看着下方。进门以后要双手捧着门闩，看着前方不要向四周看；门原来开着的就让它开着，如果门原来是关着的就再把它关上；如果后面还有人跟着要进来。关门时就要慢慢地而不可随即把门完全关上。

进门时不要踩在别人的鞋子上，将要就位不要跨席子而坐，要提起衣裳小步迅速走到席角去登席。答话时，或用"唯"或用"诺"都要谨慎。

【原文】

凡与客人者，每门让于客。客至于寝门，则主人请入为席，然后出迎客。客固辞，主人肃①客而入。主人入门而右，客入门而左；主人就东阶，客就西阶。客若降等，则就主人之阶。主人固辞，然后客复就西阶。主人与客让登，主人先登，客从之，拾级聚足，连步以上。上于东阶，则先右足；上于西阶，则先左足。

帷②薄之外不趋，堂上不趋，执玉不趋。堂上接武③，堂下布④武。室中不翔⑤。并坐不横肱。授立不跪。授坐不立。

【注释】

①肃：邀请，引导。
②帷：指围在四周的幕布。
③武：指脚印。
④布：分开。
⑤翔：盘旋的飞，这里指随便走动。

【译文】

凡是同客人一同进门，每到门口都得让客人先进去。当与客人走到卧室门前时，主人要请客人稍等，自己先进去铺座位，然后再迎接客人。客人坚持推辞的时候，主人就引导客人让他进来。主人进门后向右边走，客人进门后向左边走。主人走向东阶，客人向西阶。若客人的职位较低，就要到主人的台阶前（准备随主人上堂），主人坚决推辞，然后客人再回到西边的台阶。到了阶前，主客又互相谦让登阶。然后主人就先登阶，客人跟在后面，一级一级台阶、一步一步往上走。在东边台阶就先上右脚，在西边台阶就先上左脚。

经过有帘帷垂着的门口不要快步走去。拿着玉器不能小步快走，正屋里面走路要小心翼翼。正屋外面走路就可以大步。屋子里不要随便走动，同别人坐在一起，不要横着膀子。给予东西时，对方站立着自己就不用跪下，对方坐着自己就不要站立着。

【原文】

凡为长者粪①之礼，必加帚于箕上。以袂拘而退，其尘不及长者。以箕自乡而扱之。奉席如桥衡。请席何乡？请衽何趾？席南乡北乡，以西方为上；东乡西乡，以南方为上。

先生书策琴瑟在前，坐而迁之，戒勿越。虚坐尽后，食坐尽前。坐必安，执尔颜。长者不及，毋儳言。正尔容，听必恭。毋剿②说，毋雷同，必则古昔，称先王。侍坐于先生，先生问焉，终则对。请业则起，请益则起。父召无诺，先生召无诺，唯而起。侍坐于所尊敬，毋余席，见同等不起。烛至起，食至起，上客起。烛不见跋③。尊客之前不叱狗。让食不唾。

【注释】

①粪：扫除，除去秽土。

②剿：与"抄"同音；勦说，把别人的言论当成是自己的言论。

③跋：烛烧尽时留下的残物。

【译文】

凡是为长者扫除之礼，要先将扫帚挡住簸箕，然后用袖子挡着往后且扫且退。要使灰尘不至污及长者，而向自己身前吸收垃圾。捧席子给长者时，要使席卷像桥梁一样横着，铺席时要请教长者坐席应该面朝哪个方向，卧席脚那头应该朝着哪个方向。凡是南北向的席位，以西方为尊位。东西向的席位以南方为尊位。

如果有老师的书本琴瑟在前面，就跪着移开它，切不可跨足而过。闲坐的时候，尽可能地靠后面坐；吃饭的时候，尽可能地靠前面坐。坐要稳定，保持自然的姿态。长者没有同你谈话，就不要随便插话。神情要端庄，听讲要恭敬。不可把别人的话拿来当成自己的来说，也不要随声附和。说话应当效仿古代的先贤，话语中引用先前帝王的言论。在老师身边陪坐时，老师问到什么，要等他说完了再回答。向老师请教学业上的问题，要起立。请求老师讲更多的东西也要起立。父亲召唤时不能只是口头上答应，老师召唤也不能只是口头上答应，要答应着并且站立起来。在尊敬的人身边陪坐的时候，不妨挨近着坐。见到和自己同辈的人进来，不需要起身。晚上，如果有人点了蜡烛送来，要站起来。吃饭时，有人把食物送来的时候，也要站起来。有尊贵的客人到来的时候，亦要起身。不能等到火把烧到柄了，才拿去更换。在尊敬的客人面前，不能大声呵斥狗。与客人让食的时候，不能吐唾沫。

【原文】

侍坐于君子，君子欠伸，撰①杖履，视日蚤莫②，侍坐者请出矣。侍坐于君子，君子问更端，则起而对。侍坐于君子，若有告者曰："少闲，愿有复也。"则左右屏③而待。毋侧听，毋噭应，毋淫视，毋怠荒，游毋倨④，立毋跛⑤。坐毋箕，寝毋伏，敛发毋髢⑥，冠毋免，劳毋袒，暑毋褰⑦裳。

【注释】

①撰：拿取。

②蚤：通"早"。莫：通"暮"，日落的时候。

③屏（bǐng）：退避。

④倨：骄傲的样子。

⑤跛：单脚踩地，没有站稳的样子。

⑥髢（dì）：披头散发之意。

⑦褰（qiān）：把衣服撩开的意思。

【译文】

在君子身旁陪坐，如果看到他打哈欠伸懒腰，或者准备拿取拐杖和鞋子，或是看到天色将晚，陪坐的人就应该主动告退了。在君子身边陪坐，如果君子问及其他的事情，就应该起立回答。在君子身边陪坐，如果有人进来说："想借用片刻空闲，有话要讲。"那陪坐的人都应退下去等待。不要侧耳倾听别人说话，不要粗声粗气地回答，不要滚动着眼珠看东西，不要懒洋洋地放纵自己。走路时不要大摇大摆，站立时不要偏斜，坐的时候不要像箕斗一样两腿分开，睡觉的时候不要趴在床上。头发要束好，帽子不要无故摘下，劳动的时候不要脱去上衣袒露身体，天气炎热的时候也不要撩起衣服。

【原文】

侍坐于长者，屦不上于堂，解屦不敢当阶。就屦，跪而举之，屏于侧。乡①长者而屦，跪而迁屦②，俯而纳屦。

离坐离立，毋往参焉。离立者不出中间。男女不杂坐，不同椸枷③，不同巾栉，不亲授。嫂叔不通问④，诸母不漱裳⑤。外言不入于梱⑥，内言不出于梱。女子许嫁，缨⑦，非有大故，不入其门。姑、姊、妹、女子子，已嫁而反，兄弟弗与同席而坐，弗与同器而食。父子不同席。男女非有行媒，不相知名；非受币⑧，不交不亲。故日月以告君，齐戒以告鬼神，为酒食以召乡党僚友，以厚其别也。取妻不取同姓，故买妾不知其姓则卜之。寡妇之子，非有见焉，弗与为友。

【注释】

①乡：与"向"同，朝着的意思。

②迁屦：把鞋掉转过来之意。

③椸枷：椸（yí），衣架；枷，通"架"，衣架。

④不通问：不互相馈赠东西。

⑤裳：下衣之意。

⑥是门槛的意思。

⑦缨：五彩的带子，是许嫁后的标志。

⑧币：这里指聘礼。

【译文】

在长者身边陪坐，不能穿着鞋子上堂，不能在台阶上面解鞋子。穿鞋的时候，要跪下来拿着鞋子退到一边穿。若面向长者穿鞋，要跪下来拿过鞋子，并俯下身子套上鞋子。

有二人并坐或并立着，不要插身进去。见到两个人并站在一起，不要从两人中间穿过。男女不能混杂坐在一起，男女不能共用一个衣架，不能共用手巾、梳子、篦子，不能亲手给对方东西。嫂子和小叔子之间不能往来问候，女性长辈也不能给晚辈洗衣服。街谈巷语，不要带进闺门之内；闺门以内的家务事也不要宣扬于外。女孩子订婚以后，举行笄礼。如果没有重大变故，不能到她家里去。女子已经出嫁又返回娘家的，兄弟不能和她同席坐在一块儿，不能和她同用一个器皿吃东西。父子也不同席坐在一块儿。男女之间没有经过媒人的介绍，双方不能知道对方姓名。女家没有接受男家的聘礼，双方不会有交际往来。所以，凡是婚礼都要登记其年月日，而且要在家庙中告诉祖先，备办筵席邀请乡里邻人和同事们，用此来强调男女之间的分别。娶妻不能娶同一姓氏的女子，所以买妾的时候不知道她的姓氏就需要占卜一下吉凶。寡妇的儿子，如果没有发现他的卓越才能，最好不要与他往来。

【原文】

贺取妻者曰："某子^①使某^②，闻子有客^③，使某羞^④。"

贫者不以货财为礼，老者不以筋力为礼。

名子者不以国^⑤，不以日月，不以隐^⑥疾，不以山川。

男女异长^⑦。男子二十，冠而字，父前子名，君前臣名。女子许嫁，笄^⑧而字。

【注释】

①某子：前来祝贺的人。

②某：召唤的人。

③有客：避而不提婚事，请乡党同僚而已。

④羞：进献。

⑤不以国：古人中，臣民不能说国家的名字，儿子不能称呼自己父辈的名字，以此推知，为孩子起名，不能用国名。

⑥隐：伤痛。

⑦男女异长：在古代，男女有别，在排行时，男排男，女排女，不是单独地按照年龄大小混合排列。

⑧笄（jī）：是女子类似于男子冠礼的一种礼数。

【译文】

庆贺别人结婚。只能说："某人听说您这里有客人，派我给你进献礼物。"

贫穷的人不必拿钱财作为礼物，年纪大的不必耗费精力来行礼。

给孩子取名，不要用国家的名称，也不要用日月的名称，不要用身体伤痛的名称，也不要用山川的名称。

　　男女分别按长幼排行。男子到了二十岁的时候，举行冠礼并取字。但在父亲面前凡兄弟都互相称名，在君王面前凡臣僚也都互相称名。女子到了可以订婚的时候，要为她举行加笄礼，并且为她取个字。

【原文】

　　凡进食之礼，左殽①右胾②，食居人之左，羹居人之右；脍炙处外，醯③酱处内；葱渫处末，酒浆处右。以脯脩④置者，左朐⑤右末。客若降等，执食兴辞。主人兴，辞于客，然后客坐。主人延⑥客祭，祭食，祭所先进，殽之序，遍祭之。三饭，主人延客食胾，然后辩殽。主人未辩，客不虚口⑦。

　　侍食⑧于长者，主人亲馈⑨，则拜而食；主人不亲馈，则不拜而食。共食不饱，共饭不泽手。

【注释】

①殽（yáo）：切成大块的带骨头的熟肉。

②胾（zì）：与"自"同音，大块的没有骨头的熟肉。

③醯（xī）：与"西"同音，指醋。

④脯脩：是干肉的意思。

⑤朐与"渠"同音，肉晒干后弯曲的地方。

⑥延：告诉的意思。

⑦虚口：漱口之意，是指在吃饭过程中吃食物与喝酒之间的一种行为。

⑧侍食：伺候奉陪年长的人吃饭。

⑨馈：给夹菜的意思。

【译文】

　　凡陈设便餐，有骨头的熟肉应放左边，没有骨头的熟肉应放右边，饭食放在客人的左边，羹汤放在客人的右边。细切的和烧的肉类放远些，醋和酱类放得近些。葱屑放在旁边，酒浆等饮料和羹汤放在同一方向。如果另加脯、脩两种干肉的，那就把它们弯曲的部分朝左，挺直的部分朝右。若客人谦让，端着饭碗起立，说是不敢当此席位，主人也要站起来向客人谦让，然后客人坐下。主人引导客人行食前祭礼。行祭礼时，要按照所进食物的先后顺序。从带骨头的熟肉开始，依次遍祭全部的食物。客人吃过三口饭以后，主人应请客人吃纯肉，然后吃带骨的肉。若主人还没有吃完，客人不要漱口表示不吃。陪着长者吃饭的时候，遇到主人亲取菜肴给你时，你就需拜而后食。如果不是这样，就不须拜，但由自己取食。

与大伙共同吃饭，不可只顾自己吃饱，与他人一起吃饭时不能揉搓双手。

【原文】

毋抟饭，毋放饭，毋流歠①。毋咤食②，毋啮骨，毋反鱼肉，毋投与狗骨，毋固获。毋扬饭③，饭黍毋以箸，毋嚃④羹，毋絮羹，毋刺齿，毋歠醢，客絮羹，主人辞不能亨；客歠醢，主人辞以窭⑤。濡⑥肉齿决，干肉不齿决。毋嘬⑦炙，卒食，客自前跪，彻饭齐⑧以授相者⑨。主人兴，辞于客，然后客坐。

侍饮于长者，酒进则起，拜受于尊所。长者辞，少者反席而饮；长者举未釂⑩，少者不敢饮。

【注释】

①歠（chuò）：饮、喝的意思。

②咤食：嫌弃主人做的饭菜不好吃，小声嘀咕。

③扬饭：用筷子搅动饭食，让它快速变凉。

④嚃（tà）：不嚼而吞咽。

⑤窭（jù）：贫寒。

⑥濡：浸渍，沾湿。

⑦嘬（chuài）：咬，这里有大口吃的意思。

⑧齐：指酱类食物。

⑨相者：主人分配让给客人进食物，伺候客人吃饭的人。

⑩釂：指的是喝完杯中的酒。

【译文】

若和别人一起吃饭，就要顾到手的清洁，不要把食物捏聚成团来吃。多余的饭不要再放回食器中，不要大口地喝汤，不要吃得喷喷作声，不要啃骨头，不要把咬过的鱼肉又放回碗盘，不要把骨头扔给狗，不要单单只吃食物，不要为使食物快点凉而把食物簸扬起来。吃黏黄米时不要用筷子。不要不咀嚼羹汤中的菜就连菜一块儿把汤喝下去。不要当主人面调和菜汤。不要当众剔牙齿。不要像饮汤一样饮酱。如果有客人在调和菜汤，主人就要以"不善烹饪"来辞让。如果客人喝肉汤，主人要以"家贫以致礼不周"来辞让。沾湿的肉可以用牙齿咬断，干肉就得用手掰食。不要大口吃烤肉。吃完饭以后，客人应起身向前收拾桌上盛着腌渍物的碟子交给一旁伺候的人。主人站起来，请客人别劳动，然后客人才坐回席位。

陪着年长的人喝酒，当长者将要递酒过来时，年少的要站起来，到陈放酒器的地方去向长者行拜礼然后再接受酒。年长的人推辞说不要如此客气，少者再回到席位上喝酒。但年长的人没有举杯喝干，年少的人不能先喝。

【原文】

父母有疾，冠者不栉①，行不翔②，言不惰③，琴瑟不御④，食肉不至变味，饮酒不至变貌，笑不至矧⑤，怒不至詈。疾止复故。有忧者⑥侧席⑦而坐，有丧者专席而坐。

【注释】

①栉（zhì）：整齐，有秩序。
②翔：讲究穿着打扮。
③惰：闲聊的话。
④御：摆弄之意。
⑤矧（shěn）：齿根，牙龈。
⑥有忧者：指的是家中有病人，或是自己心中有烦恼的事情。
⑦侧席：正席旁边的席位。

【译文】

父母有病的时候，成人们心中忧虑，头发顾不上梳理，不要讲究穿着打扮，不要闲聊，琴瑟也不弹奏了，食肉只稍尝那味道，饮酒亦不喝到脸红，既没有开心的笑，亦没有恶声恶气的怒骂。等父母疾病痊愈了，才恢复到原来的常态。有忧患的人，宜坐于席位侧面，而服丧的人只坐单独的席子。

【原文】

凡为君使者，已受命①，君言不宿于家。君言至，则主人出拜君言之辱。使者归，则必拜送于门外。若使人于君所，则必朝服②而命之。使者反，则必下堂而受命。

博闻强识而让，敦善行而不怠③，谓之君子。君子不尽人之欢，不竭④人之忠，以全交也。

【注释】

①受命：接到命令。

②朝服：古人在庄重严肃的场合穿的服装。头戴黑红色的帽子，上身穿黑色的衣服，下身穿白色的裙子，彩色的腰带，白色的护膝。

③怠：懈怠的样子。

④竭：把……全都耗尽。

【译文】

凡是国君的使者，既已接到命令，就不要在家里停留。君主的命令一传到，主人就要在门外拜迎那传令的使者，并且说有劳尊驾。使者回去时，主人必须到门外拜送。假若派人到君主那儿去，就得像朝见国君一样，穿着朝服来派遣他。等到派去的人回来，还要出正屋来迎接国君的回话。

见识广博而记忆力强，并且能谦让自处，修身践言，力行不懈，这才能称为君子。君子不会尽力讨别人的喜欢，也不会竭力让别人忠于自己，这样，才能保持永久的交情。

【原文】

《礼》曰："君子抱孙不抱子①。"此言孙可以为王父尸，子不可以为父尸。为君尸者，大夫士见之则下之，君知所以为尸者则自下之。尸必式②，乘必以几。齐③者不乐不吊。

居丧之礼，毁④瘠⑤不形，视听不衰，升降不由阼阶，出入不当门隧⑥。居丧之礼，头有创则沐，身有疡⑦则浴，有疾则饮酒食肉，疾止复初。不胜丧，乃比于不慈不孝。五十不致⑧毁；六十不毁；七十唯衰⑨麻在身，饮酒食肉，处于内。

【注释】

①君子抱孙不抱子：古人在祭祀祖先时，充当尸的要求是孙子，如果孙子的年纪过小，则要人抱着孙子充当尸。

②式：扶着轼敬礼。指人的身体向前倾，表示尊敬的礼节。

③齐：指的是斋戒之人。

④毁：哀痛过度而伤害身体。

⑤瘠：消瘦。

⑥门隧：门外正中的通道。

⑦疡：与"痒"通假。

⑧致：到达极点。

⑨衰（cuī）：古代丧服的一种。

【译文】

《礼》书上说："君子抱孙子而不抱儿子。"这就是说孙子可以充任祭祖时的尸，而儿子却不可。凡是大夫、士人遇见为君尸的人，就需下车致敬。如果君主知道某人将为尸，也要下车为礼。而为尸者都必须扶着轼行礼。上车时一定要用桌几垫脚而上。举行斋戒的人要专一心思，不可听音乐，也不要往丧家慰问，使哀者分心。

守丧之礼，虽因哀伤而消瘦，但不可至于形销骨立，并且视力听力亦可保持正常，这样才能应付丧事。在家里，上下都不走家长常走的台阶，进出门不走正中的通道。守丧之礼，如果头上有疮疖就洗头，身上有疮疖就洗澡。若害病，仍可以食肉饮酒，但到了病愈，就得恢复居丧之礼。如果经不起丧痛就病倒了，那就是和不慈不孝一样。年纪到了五十岁，可不必哀伤致毁；六十岁时，可不因哀伤而消瘦；七十岁的人服丧，只要披麻戴孝，无需损及体力，可以照常饮酒食肉，并住在屋里。

【原文】

生与来日①，死与往日②。

知生者吊③，知死者伤④。知生而不知死，吊而不伤；知死而不知生，伤而不吊。

吊丧弗能赙⑤，不问其所费；问疾弗能遗，不问其所欲；见人弗能馆⑥，不问其所舍。赐人者不曰"来取"，与人者不问其所欲。适墓不登垄，助葬必执绋⑦，临⑧丧不笑，揖人必违⑨其位。望柩⑩不歌，入临不翔。当食不叹。邻有丧，舂不相；里有殡，不巷歌。适墓不歌，哭日不歌。送丧不由径，送葬不避涂潦。临丧则必有哀色，执绋不笑，临乐不叹，介胄则有不可犯之色。故君子戒慎，不失色于人。国君抚式，大夫下之；大夫抚式，士下之。

【注释】

①生与来日：活着的人对死者的吊丧期是从死后第二天开始算起。

②死与往日：死者的硷殡期是从死亡当天算起。

③吊：吊唁，指对死者亲属的慰问。

④伤：指对死者的哀悼。

⑤赙（fù）：给予钱财上的帮助。

⑥馆：提供住处之意。

⑦绋：指引棺的绳索。

⑧临：到达之意。

⑨违：离开的意思。

⑩柩：装有尸体的棺材。

【译文】

办丧事之礼，一些是为生者而制订的，如成服、哭者进行的秩序。前者是从死者之死的第二日起算；后者如三日而殡三月而葬等等，则从死之当日算起。

平时和死者家属有交情的，要去吊唁。和死者有交情的，要去哀悼。认识死者亲属却不认识死者，只要慰问而不用伤悼之辞；反之，则需伤悼而不止于慰问了。吊丧时，若没有钱财帮助他们，就不要问人家花费多少。探望病人，若拿不出礼物，就不要问他想要什么。接见客人若不能安排住宿，就不要问他住在哪儿。送给别人东西时不要叫别人来取。给别人东西时不要问他要不要这个东西。到墓地不能登到坟上，参加葬礼必须帮着拿引棺的绳索，参加追悼不可以嬉笑，对人作揖时必须避开灵位，面对着灵柩不能唱歌。哭丧的时候，身子不能摇摆不定。吃饭时要感谢，不可以叹息。邻居有丧事，即使是春米时也不要唱歌。乡里有葬礼时，巷子亦不宜有歌声。到墓地不能唱歌。吊丧的那天也不能唱歌。护送丧车不要贪走小路，挽着柩车也不要顾忌路上的水潦。参加丧礼脸上要有悲哀的神色，拿着引棺的绳子不能嬉笑，听到音乐不能赞叹，披上铠甲戴起钢盔，就要显出不可侵犯的神色。因此君子要时刻小心谨慎，不要在别人面前有一点点失态的表现。国君扶着轼行礼的时候，大夫要下车致敬。大夫扶着轼行礼的时候，士人也要下车致敬。

【原文】

礼不下庶人^①，刑不上大夫^②。刑人不在君侧。

兵车不式^③，武车绥^④旌，德车^⑤结旌。

史载笔，士载言。前有水则载青旌^⑥，前有尘埃则载鸣鸢^⑦，前有车骑则载飞鸿，前有士师则载虎皮，前有挚兽则载貔貅。行，前朱鸟而后玄武，左青龙而右白虎，招摇^⑧在上，急缮其怒。进退有度，左右有局，各司其局。

父之仇^⑨弗与共戴天，兄弟之雠不反兵，交游之雠不同国。

四郊多垒^⑩，此卿大夫之辱也。地广大，荒而不治，此亦士之辱也。

【注释】

①礼不下庶人：指礼节不用来约束老百姓。

②刑不上大夫：指刑法不用来制裁大夫之上的人。

③式：轼礼。

④绥：舒展之意。

⑤德车：指没有兵器装备的车。

⑥青旌：青，青雀；青旌指画着青雀的旌旗。

⑦鸢：指鹰。

⑧招摇：招，与"勺"同音，招摇，指的是北斗七星的柄端，置于

行军队伍中来指示方向。

⑨仇：指仇人。

⑩四郊多垒：卿大夫所治之地，四面都是堡垒。指被他人侵占。

【译文】

礼不适用于平民百姓，刑罚不适用于大夫。因此在国君左右都是没有受过刑罚的人。

在出征兵车上的人不必行轼礼，田猎用的武车上，旌旗是招展着的。巡狩用的德车，旌旗是垂着的。

国君会盟的时候，掌管文书的人携带笔墨工具，司盟的人负责记载言论。在队伍行进途中前面有水时，就竖起画着青雀的旌旗；前面有尘土飞起时，就竖起画着鸣叫的鹰的旌旗，前面遇到有车骑时，就竖起画着飞鸿的旌旗；看到有军队时，就竖起画着虎皮的旌旗。遇到猛兽时，就竖起画着貔貅的旌旗。排列行军的行阵，前面朱雀阵后面玄武阵，左边青龙阵右边白虎阵；画着北斗星的旌旗在阵行上空飘扬，来坚定其战斗精神；队伍前进和后退都有一定的法度，左右队伍，各自掌管各个队伍。

对于杀父的仇人，不和他共存于天下。对于兄弟的仇敌，可用随身的武器，见而杀之。对于朋友的仇人，则不要和他在同一个国家共存。

若一国的四境都筑有堡垒，可见大官们不能安治其国，这是卿相、大夫的耻辱。如果广大的土地荒废而没有人整理利用，这也是士人的耻辱。

【原文】

临祭不惰。祭服敝①则焚之，祭器敝则埋之，龟筴②敝则埋之，牲死则埋之。凡祭于公③者，必自彻④其俎⑤。

卒哭乃讳⑥。礼不讳嫌名，二名不偏讳。逮事⑦父母，则讳王父母。不逮事父母则不讳王父母。君所无私讳，大夫之所有公讳。诗书不讳，临文⑧不讳。庙中不讳。夫人之讳，虽质君之前，臣不讳也。妇讳不出门。大功、小功不讳⑨。入境而问禁，入国而问俗，入门而问讳。

【注释】

①敝：破旧之意。

②龟筮：龟，占卜用的龟壳；筮，通"策"，占卜用的蓍草。

③祭于公：帮助国君祭祀。

④彻：同"撤"，撤去。

⑤俎：祭祀时盛牛羊等的礼器。

⑥卒哭乃讳：人死之后的第一次祭礼，哭祭结束，将灵符置于祖庙，表示从此以后以神灵视之。不再称呼他的姓名。

⑦逮事：侍奉之意。本句指的是有父母在，可以服侍。

⑧临文：写文章之意。

⑨大功小功：都是丧服名，与死者的关系较为疏远，所以就可以不避讳死者的名字。

【译文】

参加祭祀，不可有怠慢的行为。祭祀时穿的服装如果破旧了就焚烧掉。祭祀的器具、占卜用的龟壳如果坏了，或是祭祀用的牲口死了就要掩埋掉。凡是在国君的宫里助祭的士人，都要自己搬走载牲的器皿，无需麻烦主人。

哭祭结束之后要避讳说死者的名字。按照礼的规定：同音的名可以不避，双字名只要避讳用其中一个字就行了。如果还在侍奉父母，就要避讳用祖父母的名字；如果没有在侍奉父母，就不用避讳祖父母的名字了。在国君的地方，不用避私人的忌讳；但在大夫的地方要避国君的忌讳。此外，读诗书、写文章以及在宗庙之中时都不用避讳；即使在国君面前对话，亦可以不讳其大人之名，因为妇人的名讳限于家内。其次，在服大功、小功的期间也不用避死者的忌讳。凡是到了一个地方，便要打听他们的禁忌；到了另一国家，就要打听他们风俗习惯；同理，到了别人家里要询问这家的忌讳。

【原文】

外事①以刚日②，内事以柔日。凡卜筮日，旬之外曰远某日，旬之内曰近某日。丧事先远日③，吉事先近日。曰："为日，假尔泰④龟有常，假尔泰筮有常。"卜、筮不过三，卜、筮不相袭⑤。

龟为卜，筮为筮。卜、筮者，先圣王之所以使民信时日，敬鬼神，畏法令也；所以使民决⑥嫌疑，定犹与⑦也。故曰：疑而筮之，则弗非也；日而行事，则必践之。

君车将驾，则仆执策立于马前；已驾，仆展轫⑧效驾。奋衣⑨由右上，取贰绥跪乘，执策分辔驱之，五步而立。君出就车，则仆并辔授绥，左右攘辟。车驱而骎⑩，至于大门，君抚仆之手，而顾命车右就车。门闾沟渠必步。凡仆人之礼，必授人绥。若仆者降等则受，不然则否。若仆者降等，则抚仆之手，不然则自下拘之⑪。

【注释】

①外事：出国界或庙外之意。

②刚日：指的是单数日，即甲、丙等日。

③丧事先远日：选择丧事的日期时，几次占卜，先选其最远的一日。吉事则相反。

④泰：同"大"，对龟、筮的美称。

⑤不相袭：龟卜、策筮两种器具在占卜时只能用一种。

⑥决：判断之意。

⑦犹与：犹豫，迟疑不决的样子。

⑧展轫：展，察看，细看；轫，插在车轴上固定车轮的销子。

⑨奋衣：抖抖衣服上的尘土。

⑩骎：与"趋"通假。

⑪自下拘之：从仆者手下自己取来绥，有谦恭之意。

【译文】

庙外举行典礼，适宜用刚日；庙内举行典礼，适宜用柔日。凡用卜筮择定吉日，如果结果是十天之外的日期叫做"远某天"，十天之内的日期叫做"近某天"。办丧事要先占卜十天之外的日期，办吉事要先占卜十天之内的日期。筮时应说道："选择合适的日期，就要凭借您这些大龟甲、大蓍草不出差错了。"无论是用卜或用筮占卜，都不能超过三次，并且不能用龟甲和蓍草同时来占卜。

占卜用龟甲叫做"卜"，用蓍草叫做"筮"。先圣王所以要用龟策来卜筮，是因为要使人民信服择定的日期，崇拜所祀的鬼神，恪守颁行的法令；也是用来让人们判断能决定"是"或"不是"，"做"或"不做"。因此说："有疑问就占卜，如果占卜了，就不得三心二意选；择在那天做事，就一定能把事情做好。"

　　国君的车将要套上马匹时，仆人就应该拿着鞭子站在马前面。如果已经套好车，仆人就要检查车身，并试验车与马是否套得牢固，然后抖去衣服上的尘土，从右边上车，拿住副拉手，跪下来驾车。接着拿着鞭子分开缰绳，赶马走五步再站起来。等到国君出来就车时，驾车的人要把缰绳合并在一块儿，把拉手交给君主。左右的人避让开去，仆人便赶着马前进。到了大门那儿，君主按住驾车人的手，回头命令身边的人上车。遇到了门、沟渠，身边的人必须下车步行，防止发生危险事故。凡是充当驾驶的人，一定要把登车绳递交给乘车者。假如乘车者的身份地位比驾车者高就要接受，如果不是这样，就不能接受。详细的说，假如驾车者的身份较低他递绥时就要按住他的手，然后以另一手接取之，表示不敢当的意思；如果不是这样，就要从他的手下直接取绥。

【原文】

　　客车不入大门，妇人不立乘①，犬马不上于堂。

　　故君子式黄发，下卿位②；入国不驰，入里必式。君命召，虽贱人，大夫士必自御之。介者③不拜，为其拜而蓌④拜。祥车旷左；乘君之乘车，不敢旷左，左必式。仆御妇人，则进左手，后右手。御国君，则进右手，后左手而俯。国君不乘奇车⑤。车上不广咳，不妄指。立视五巂⑥，式视马尾，顾不过毂⑦。国中以策彗卹勿驱，尘不出轨。国君下齐⑧牛，式宗庙；大夫士下公门，式路马。乘路马，必朝服，载鞭策，不敢授绥，左必式。步⑨路马，必中道。以足蹙⑩路马刍有诛，齿路马有诛。

【注释】

　　①立乘：站在车上。
　　②卿位：指的是士卿朝见国君的地方。
　　③介者：指身上穿铠甲之人。
　　④蓌（cuò）：蹲。
　　⑤奇车：样式不对称的车子。
　　⑥巂（guī）：同"规"，车轮的周长，一规为一丈九尺八寸，五规就是九十九尺。

⑦毂：指的是车轴的最前端。

⑧齐：与"斋"通假。

⑨步：步行牵车前行。

⑩蹙：践踏之意。

【译文】

客人的车不可以直接进入主人家的大门，妇女们乘车时不能站立着，狗和马不能牵到正屋里。

所以，乘车遇见年老的人，就要向老人敬礼；经过大官们的朝位时，就要下车步行。进入国都内，行车要减低速度；进入里巷必然按着扶手对人敬礼。若君主有所召见，即使派来的人身份较低，大夫、士也必须亲自出门迎接。身穿盔甲的人不便于跪拜，因此只要蹲一蹲身，便算拜了。祥车应该空缺左边的位置，乘坐君主的车不能空缺左边的位置，只是左方既为尊位，故须凭轼为礼，表示不妄自尊大。如果是为妇女驾车，就把左手放在前面，右手放在后面。为国君驾车，就要俯下身子把右手放在前面，左手放在后面，以表敬意。国君不乘坐没陪驾的车。在车上不能大声地咳嗽，不能随便指点。站着时，视线前及轮转五周（约为九丈九尺）的距离，按着扶手敬礼时要看着马的尾巴，回头看时不超过车轮中心的圆木。进入国都时就要改用竹扫帚赶马，让它慢慢行走，以使灰尘不飞扬于辙迹之外。国君经过宗庙的门口，必须下车，向宗庙行轼礼。大夫、士路过国君的门前要下车，要向国君的车马行轼礼。乘坐国君的车，一定要穿戴整齐，不能接受别人送给的拉手，但站在左边，却要凭轼俯身。牵着国君的马行走，必须走大路。凡是踩踏国君的马的草料的人，要受到惩罚，推算国君的马的年龄的人，也要受到惩罚。

曲礼下

【原文】

凡奉者当心，提者当带①。执天子之器则上衡②，国君则平衡，大夫则绥③之，士则提之④。凡执主器，执轻如不克⑤。执主器，操币⑥、圭、璧，则尚左手，行不举足，车轮曳踵。立则磬折垂佩。主佩倚则臣佩垂，主佩垂则臣佩委⑦。执玉，其有藉者则裼，无藉者则袭。

【注释】

①带：古人系在衣服外面的长带子，离地大约四尺半的样子。
②衡：通"横"。谓与心平。
③绥：通"妥"，落下。
④提之：手放松提上就可以。
⑤克：约定或限定。
⑥币：指的是行礼时所用的束帛，大约有二十丈。
⑦佩委：指的是腰配要垂到地上。

【译文】

捧东西的人双手要与心的位置齐平，提东西的人要同腰部齐。为天子拿器物要向上高举过头，为国君拿器物位置要与心平齐，为大夫拿器物位置低于心，为士人拿器物提到腰就行。凡是为主人拿器物，即使是很轻便的也要像拿重物一样。为主人拿器物，或玉帛之类，就尊崇左手拿。走路的时候不把脚高抬起来。要像车轮滚，拖着脚跟走。站立的时候，要像磬一样上身前倾，使佩饰垂挂下来。君主的佩饰靠在身上。那么臣下的佩饰要垂挂下来：君主的上身前倾佩饰垂挂下来，那么臣下的佩饰要着地。行聘礼时拿玉器，对那些带有束帛做的垫子之类的玉器就脱去上衣来拿，没有带束帛做的垫子之类的玉器的就穿好上衣来拿。

【原文】

国君不名卿老、世妇①，大夫不名世臣、姪、娣②，士不名家相③、长妾④。君大夫之子，不敢自称曰"余小子⑤"。大夫士之子，不敢自称曰"嗣子某"，不敢与世子⑥同名。

君使士射，不能，则辞以疾，言曰："某有负薪之忧。"

侍于君子，不顾望⑦而对，非礼也。

君子行礼，不求变俗。祭祀之礼，居丧之服，哭泣之位，皆如其国之故，谨修⑧其法而审⑨行之。去国三世，爵禄有列于朝，出入有诏于国。若兄弟宗族犹存，则反告于宗后。去国三世，爵禄无列于朝，出入无诏于国，唯兴之日，从新国之法。

【注释】

①世妇：地位仅次于夫人的贵族妇女。

②姪、娣：意思同"世妇"。

③相：古代主持礼节仪式的人。

④长妾：生有儿子的妾。

⑤余小子：指的是天子在丧的自称。

⑥世子：国君的儿子，太子。

⑦顾望：看看四周是否有比自己强的人选。

⑧修：与"循"同，遵循之意。

⑨审：慎重。

【译文】

君主不能叫卿相和世妇的名字，大夫不能叫世代相承的大臣和姪、娣的名字，士人不能叫家里主持礼节仪式的人和长妾的名字。国君和大夫的儿子，不能自称"余小子"。大夫、士的儿子，不能自称"嗣子某"，也不能和太子的名字一样。

君主让士陪贵宾比箭，如果不能射，就要用患疾病来推辞，说："我背柴累病了。"

侍奉道德高尚的人，不看看周围是否有比自己强的人就抢先回答，这是不符合礼的。

君子在国之外不要改变原来的礼俗。祭祀的礼仪，丧事时穿的服装，哭泣的位置，都依照自己国家原来的礼俗。谨慎地遵循本国的礼法，并且慎重地实行。离开国家已经有三代的，家中还有在朝廷做官的，或有来往的，以及兄弟宗族还有在国内的，就要回去告诉族长的后裔。如果离开本国已经三代。并且朝廷里没有爵位和俸禄，出入往来别国就不用向本国国君报告了，但只有在别国做了卿大夫的时候，才需要遵从新国家的礼俗。

【原文】

大夫士去国，祭器不踰竟。大夫寓祭器于大夫，士寓祭器于士。大夫士去国，踰竟为坛位，乡国而哭，素衣、素裳、素冠，徹缘，鞮屦①、素簚②，乘髦马，不蚤鬋③，不祭食，不说人以无罪，妇人不当御④，三月而复服。

大夫士见于国君，君若劳⑤之，则还辟再拜稽首⑥；君若迎拜，则还辟不敢答拜。大夫士相见，虽贵贱不敌，主人敬客则先拜客，客敬主人则先拜主人。凡非吊丧，非见国君，无不答拜者。大夫见于国君，国君拜其辱⑦；士见于大夫，大夫拜其辱；同国始相见，主人拜其辱。君于士，不答拜也；非其臣则答拜之。大夫于其臣，虽贱，必答拜之。男女相答拜也。

【注释】

①鞮屦：穿着皮革做成的鞋子。
②素簚：用白色的狗皮盖在车上。
③蚤鬋：与"爪剪"通假。是剪指甲、理头发之意。
④当御：接近之意。
⑤劳：赏赐、慰劳。
⑥稽（qǐ）首：古时的一种礼节，跪下，拱手至地，头也至地。
⑦辱：谦辞，表示承蒙。这里有承蒙来访的意思。

【译文】

大夫或士人离开国家，祭祀的器物不可以带过国境。大夫和士人将祭器寄存在同一官阶的人那里。大夫和士人离开国家，到边境外之后，要制作一个高台，面向着国都哭泣。穿上白上衣，白裙子，戴上白帽子，撤去衣服的边饰，穿上皮革做的鞋子，给车轼覆盖上白狗皮制成的车覆栏，骑着不修剪毛发的马，不修剪指甲不理发，吃饭时不行食前祭礼。不向别人诉说自己的冤屈，不能和妇女行房事。这样过了三个月才复还原状，离此而去。

　　大夫或士人拜见国君，国君如果慰劳他，就要退身避开，俯首至地再拜。国君假如迎接并且先拜，大夫、士就要后退避让，并且不敢回拜。大夫与士见面，即使主客的身份不相当，如果主人尊重客人，就先拜见客人；如果客人尊重主人，就先拜见主人。只要不是慰问奔丧，不是拜见国君，就都要答拜。大夫拜见别国国君，国君要拜谢大夫来访。士人拜见别国大夫，大夫要拜谢士人来访。同一个国家的人第一次见面，主人要拜谢客人来访。国君对于士人，也不回礼答拜，如果是别国的士而不是本国的臣下，就要答拜。大夫对自己的家臣，即使他地位低下，也必须回拜。男女之间要互相回拜。

【原文】

　　国君春田不围泽①，大夫不掩群②，士不取麛卵。

　　岁凶，年谷不登③，君膳不祭肺④，马不食谷，驰道⑤不除，祭事不县⑥；大夫不食粱；士饮酒不乐。

　　君无故玉不去身，大夫无故不彻⑦县，士无故不彻琴瑟。

　　士有献于国君，他日，君问之曰："安取彼？"再拜稽首而后对。大夫私行⑧出疆，必请；反必有献。士私行出疆，必请；反必告。君劳之则拜，问其行，拜而后对。

　　国君去其国，止之曰："奈何去社稷也！"大夫曰："奈何去宗庙也！"士曰："奈何去坟墓也！"

　　国君死社稷，大夫死众⑨，士死制。

【注释】

①泽：聚水的洼地。这里指猎场。

②掩群：追捕成群的猎物。

③登：庄稼成熟。

④不祭肺：古人以肺为食前祭礼所用之物，不祭肺指的就是不杀生祭祀之意。

⑤驰道：这里指宽广的大路。

⑥县：通"悬"，指悬挂的钟磬等乐器。

⑦彻：通"撤"。

⑧私行：为私事而出行。

⑨众：指军事之事。

【译文】

国君在春天打猎，不能包围猎场；大夫不能猎捕兽群；士人不能猎捕幼兽和鸟卵。

遇到干旱的年份，庄稼收成不好，国君用膳不能杀牲畜，喂马不能用粮食，宽广的大路不能修整，祭祀的时候不奏乐。大夫不能吃稻粱，士人宴客不能演奏乐器。

如果不是遭到灾患丧病，国君的佩玉不离身；大夫没有原因不能撤去钟磬，士人没有原因不能撤去琴瑟。

士人进献礼物给国君，国君不接受，后来国君问他说："你是从哪里得到那些东西的？"士人再次稽首拜谢然后回答。大夫因为私事出国境，一定要请示。回来的时候必须有礼物进献给国君。士人因为私事出国境，必须请示。回来的时候必须向国君报告。国君慰劳他，就拜谢，问他私事出行的事情，要先拜谢然后再回答。

国君要离开自己的国家时，要劝止他说："为何放弃自己的社稷？"如果是大夫，就劝止他说："为什么抛弃自己的宗庙？"如果是士人，就劝止他说："怎么能不顾及自己的祖坟啊？"

国君应为国家而死，大夫应为民众而死，士人应为自己的责任而死。

【原文】

君天下曰"天子"，朝诸侯，分职授政任功，曰"予一人"。践阼①，临祭祀，内事②曰"孝王某"，外事曰"嗣王某"。临诸侯，畛③于鬼神，曰"有天王某甫④"。崩，曰"天王崩"；复，曰"天子复"矣。告丧，曰"天王登假⑤"。措之庙，立之主⑥，曰"帝"。天子未除丧，曰"予小子"。生名之，死亦名之。

天子有后⑦，有夫人，有世妇，有嫔，有妻，有妾。

天子建天官，先六大⑧，曰大宰、大宗、大史、大祝、大士、大卜，典司六典。天子之五官，曰司徒、司马、司空、司士、司寇，典司五众⑨。

天子之六府，曰司土、司木、司水、司草、司器、司货，典司六职。天子之六工，曰土工、金工、石工、木工、兽工、草工，典制六材。

【注释】

①践阼：指即位。

②内事：指的是在宗庙祭祀。

③畛（zhěn）：与"疹"同音，是告诉之意。

④甫：古代男子的美称。

⑤假（xiá）：与"遐"同音，遥远的意思。

⑥主：牌位。

⑦后：君王的正妻。

⑧大：与"太"同。

⑨众：指的是各自手下的官员。

【译文】

君临天下的叫"天子"，在朝见诸侯，分封职位，授予政事，委以事功时，称"予一人"。站在主人的地位，在祭祀祖先时称"孝王某"，在祭祀天地、外神时称"嗣王某"。巡视诸侯，向他们国家的鬼神致祭时，称"有天王某甫"。天子死了，称"天子崩"。为天子招魂。称"天子回来吧"。为天子发丧，称"天王升天了"。把灵位安放在宗庙里，立牌位称为某"帝"。矢子未除去丧服，称"予小子"。这样的天子，活着守丧时称"小子王"，如果还没除丧就死了，也称"小子王"。

天子宫内女性有王后、夫人、世妇、嫔、妻、妾等不同级别。

天子设立官位先设六官，为大宰、大宗、大史、大祝、大士、大卜，掌管相关的六种法典。天子设立主管行政的五个官职，为司徒、司马、司空、司士、司寇，各自掌管属下官员。天子设立主管财物的六个府库，为司土、司木、司水、司草、司器、司货，掌管各处的职责。天子设立管理工程的六个机构，为土工、金工、石工、木工、兽工、草工，掌管各种器物的制作。

【原文】

天子当依①而立，诸侯北面而见天子曰觐。天子当宁②而立，诸公东面，诸侯西面曰朝。

诸侯未及期③相见曰遇，相见于郤④地曰会。诸侯使大夫问于诸侯曰聘，约信曰誓，涖牲曰盟。

诸侯见天子，曰"臣某侯某"。其与民言，自称曰"寡人⑤"。其在凶服，曰"适子孤"。临祭祀，内事曰"孝子某侯某"，外事曰"曾孙某侯某"。死曰"薨"。复曰"某甫⑥复矣"。既葬见天子，曰类见。言谥曰类⑦。诸侯使人使于诸侯，使者自称曰"寡君之老"。

【注释】

①依：与"扆"通假，形状如屏风，设置在正屋的正中位。

②宁（zhù）：与"住"同音古代臣下朝见君主的地方，就是屏风和门之间的地方。

③期：指的是事先约定见面的时间和地点。

④郤（xì）：这里是边境的意思。

⑤寡人：古代君王的谦称，谦言寡德之意。

⑥某甫：代之诸侯的字。

⑦类：罗列死者生前德行。

【译文】

天子站在绣有斧纹的屏风前，诸侯面向北边拜见天子，称"觐"。天子朝南站在屏风和门之间，诸公面向东，诸侯面向西边，称"朝"。

诸侯们没有约定时间和地点互相见面称为"遇"，约定日期在两国之间的空隙地带相互见面称"会"。诸侯派遣大夫互相访问称"聘"。诸侯间写下商量确定的条文称为"誓"，杀牲饮血以确实信守诺言称"盟"。

诸侯朝见天子称"臣某侯某"，同百姓说话，自称"寡人"。如果诸侯在服丧期间见国外的宾客，就称"嫡子孤某"。在宗庙内主持祭祀时自称"孝子某侯某"。祭祀天地就自称"曾孙某侯某"。诸侯死，称"薨"，招魂时用字不用名。继位的诸侯行过葬礼后拜见天子称为"类见"，为父请谥也称为"类"。诸侯派人出使别的诸侯国，那个使者称为"寡君之老"。

【原文】

天子穆穆①，诸侯皇皇②，大夫济济③，士跄跄④，庶人僬僬⑤。

天子之妃曰后，诸侯曰夫人，大夫曰孺人，士曰妇人，庶人曰妻。公、侯有夫人，有世妇，有妻，有妾。夫人自称于天子曰"老妇"，自称于诸侯曰"寡小君⑥"，自称于其君曰"小童"。自世妇以下⑦，自称曰"婢子"。子于父母则自名也。列国之大夫，入天子之国曰"某士"，自称曰"陪臣某"，于外⑧曰"子"，于其国曰"寡君之老"。使者自称曰"某"。

【注释】

①穆穆：威严的样子。

②皇皇：显赫庄重的样子。

③济济：庄重的样子。

④跄跄（qiāng qiāng）：走路有节奏的样子。

⑤僬僬（jiào）：匆忙急促的样子。

⑥寡小君：诸侯朝见时对别国诸侯称自己国君的夫人。

⑦自世妇以下：指的是世妇下面的妻、妾。

⑧外：别国之意。

【译文】

天子的仪容要显出威严的样子，诸侯的仪容要显出显赫庄重的样子，大夫的仪容要显出整齐严肃的样子，士人的仪容要显出从容舒展的样子，平民的仪容要显出匆忙的样子。

天子的配偶叫做"后"，诸侯的配偶叫做"夫人"，大夫的配偶叫做"孺人"，士人的配偶叫做"妇人"，平民的配偶叫做"妻"。公爵、侯爵有夫人、世妇、妻、妾。诸侯的夫人在天子面前自称为"老妇"，在其他诸侯面前自称"寡小君"，在她的丈夫面前自称"小童"。从世妇往下，都自称为"婢子"。子女在父母面前称自己的名字。各个诸侯国的大夫，进入天子的国都称"某国的士人"，对天子自称"陪侍的臣下"，封国之外的人称他"子"，封国之内的人对封国之外的人说话，称他为"我们国君的老臣"。出使的人自称"某"。

【原文】

天子不言出①，诸侯不生名②，君子不亲恶。诸侯失地，名③；灭同姓，名。

为人臣之礼，不显谏④，三谏而不听则逃⑤之。子之事亲也，三谏而不听，则号泣而随⑥之。

君有疾饮药，臣先尝之；亲有疾饮药，子先尝之。医不三世⑦，不服其药。

【注释】

①出：天子以天下为家，出有遗弃天下的意思，故史书不记"出"，而记"居"。

②诸侯不生名：指的是诸侯在世之时，史书上记录时，不能直呼其名，要称其爵位。

③名：史书记载时，要记录他的真名。

④不显谏：出于礼仪，不当众指责之意。

⑤逃：躲避、离开的意思。

⑥随：听任，任随。

⑦医不三世：行医不到三代，指的是没有丰富经验的医生。

【译文】

天子出奔，史书不能用"出"字记录。诸侯生前史书中不能记载他的名字，君子不能亲近作恶的天子和诸侯。诸侯失掉国土，或残害同胞，史书就可以记载他们的名字。

作为人臣的礼仪，不能当众指责国君。如果多次进谏而国君还不接受，就离开国君而去。儿子侍奉父母，数次劝说仍不听从，就大声哭泣，听任他们自己的想法。

君主患病服药的时候，臣下要先尝药。父母患病服药的时候，子女要先尝药。如不是医术精通、经验丰富的医生，不服用他的药。

【原文】

天子祭天地，祭四方，祭山川，祭五祀①，岁遍。诸侯方祀②，祭山川，祭五祀，岁遍。大夫祭五祀，岁遍。士祭其先。

凡祭，有其废之，莫敢举[3]也；有其举之，莫敢废也。非其所祭而祭之，名曰淫祀。淫祀无福。

天子以牺牛，诸侯以肥牛，大夫以索牛，士以羊、豕。

支子[4]不祭，祭必告于宗子。

凡祭宗庙之礼，牛曰一元大武，豕曰刚鬣，豚曰腯肥，羊曰柔毛[5]，鸡曰翰音，犬曰羹献，雉曰疏趾，兔曰明视，脯曰尹祭，槁鱼曰商祭，鲜鱼曰脡[6]祭，水曰清涤，酒曰清酌，黍曰芗合，粱曰芗萁。稷曰明粢，稻曰嘉蔬，韭曰丰本，盐曰咸鹾[7]，玉曰嘉玉，币曰量币。

【注释】

①五祀：指的是对五种神灵的祭祀。

②方祀：祭祀国家所在的方位。

③举：再次举行之意。

④支子：指的是嫡长子以下的众子，包括妾所生的儿子。

⑤柔毛：羊肥则毛细而柔软。后文“翰音”，鸡肥就善鸣叫；“羹献”，狗肥就能用来煮肉作祭牲；“疏趾”，鸡肥就脚趾间展开较大；“明视”，兔子肥就目光明亮。

⑥脡（tǐng）：曲：直。

⑦鹾（cuò）：盐。

【译文】

天子祭天地之神，祭四方之神，祭山川之神，祭祀五祀之神，一年内祭祀一次。诸侯在封遥祭四方之神、山川之神、五祀之神，一年内遍祭一次。大夫祭祀五祀之神，一年内遍祭一次。士人祭祀自己的祖先。

凡是祭祀，有废止的，不敢再次举行；已经举行的，就不能再废止。不是应该祭祀的却无节制的祭祀了，叫做“淫祀”。这种祭祀不能得到降幅。

天子祭祀用纯毛色的祭牛，诸侯祭祀要用特别喂养的祭牛，大夫祭祀则用普通的牛，士人只用羊、猪。

庶出的子孙不能主持祭祀，如果祭祀必须告诉嫡长子。

祭宗庙的牲口有特殊礼号：牛称做一元大武，猪称做刚鬣，豚称做腯肥。羊称为柔毛，鸡称为翰音，狗称为羹献，野鸡称为疏趾，兔子称为明视，干肉称为尹祭，干鱼称为商祭，鲜鱼称为脡祭，水称为清涤，酒称为清酌，黍称为芗合，高粱称为芗萁，小米称为明粢，稻米称为嘉蔬，韭菜称为丰本，食盐称为咸醝，玉称为嘉玉，币称为量币。

【原文】

天子死曰崩，诸侯曰薨，大夫曰卒，士曰不禄，庶人曰死。在床曰尸。在棺曰柩。羽①鸟曰降②，四足曰渍③。死寇曰兵。祭王父曰皇祖考，王母曰皇祖妣，父曰皇考，母曰皇妣；夫曰皇辟。生曰父，曰母，曰妻，死曰考，曰妣，曰嫔。寿考④曰卒，短折⑤曰不禄。

天子视，不上于袷⑥，不下于带。国君绥视⑦，大夫衡视，士视五步。凡视，上于面则敖，下于带则忧，倾⑧则奸⑨。

【注释】

①羽：箭。
②降：落地。落地不再飞起，就是死了。
③渍：同"自"。
④寿考：寿终正寝。
⑤短折：夭折而亡。
⑥袷（jié）：古代衣服的交领。
⑦绥视：看的时候目光要稍微低于面部。
⑧倾：歪着脑袋斜视。
⑨奸：邪恶，狡诈。

【译文】

天子死称做崩，诸侯死称做薨，大夫死称做卒，士人死称做不禄，平民死称为死。死人有床称为尸，已故的放在棺材称柩。飞鸟死称降，四只脚的兽死称渍，死于寇难称兵。皇帝祭祀已经死去的祖父称皇祖考，祭祀祖母称皇祖妣。祭祀父亲称皇考，祭祀母亲称皇妣，祭祀丈夫称皇辟。活着的时候称父、母、妻。死后改称为考、妣、嫔。正常老死的称卒，短命夭折而死的称不禄。

瞻视天子时，视线不能高于衣领，不低于腰带。瞻视国君时，视线要稍微低于面部。瞻视大夫时可以平视。看士时，视线可以看周围五步之内的地方。凡是注视对方，视线超过面部就显得傲慢，低于腰带就显得不自然，斜着眼看，就显得心术不正。

【原文】

君命，大夫与士肄^①，在官言官，在府言府，在库言库，在朝言朝。朝言不及犬马。辍朝而顾，不有异事，必有异虑。故辍朝而顾，君子谓之固^②。在朝言礼，问礼，对以礼。

大飨^③不问卜，不饶富。

凡挚^④，天子鬯^⑤，诸侯圭，卿羔，大夫雁，士雉，庶人之挚匹，童子委^⑥挚而退。野外军中无挚，以缨^⑦、拾^⑧、矢可也。妇人之挚，椇、榛、脯、修^⑨、枣、栗。

纳女于天子曰"备百姓"；于国君，曰"备酒浆"；于大夫，曰"备扫洒"^⑩。

【注释】

①肄：研习之意。
②固：无理的样子。
③大飨（xiǎng）：用酒食招待人。大飨指天子款待诸侯的大宴会。
④挚：通"贽"，初次拜见尊长所送的礼物。
⑤鬯：酒。
⑥委：致送。
⑦缨：系在脖子上的帽带。
⑧拾：射箭时裹袖子用的臂套。
⑨修：通"脩"，干肉。
⑩备百姓：同"备酒浆"、"备扫洒"，都是谦词。

【译文】

国君有命，想要做某事，大夫和士人要事先研习。若君命涉及版图文书，就在官讨论；涉及宝藏，就在府讨论；涉及车马，就在库讨论；设计政事，就在朝讨论。在朝廷之上谈论不能涉及犬马的东西。散朝还回头看，就表明此人不是有别的事情没讲就必然有其他的想法。所以散朝后还回头看，君子认为这是粗鲁无礼的。在朝廷上谈话要注意依礼，问话要有礼，回答也要有礼。举行大飨之礼，不需要占卜订日期，礼数完备就不需要额外增加。

凡是见面的礼品，天子送香酒，诸侯送圭玉，卿相送羊羔，大夫送雁，士人送野鸡，平民送鸭。小孩放下礼物就可以走。郊外军队之中没有礼物，用帽带、臂套、箭矢也可以。用于妇女的见面礼，有棋、榛果、肉干、枣、栗子。

如果女儿是嫁给天子，称"备百姓"；如果女儿嫁给国君，称"备酒浆"，如果女儿嫁给大夫，称"备扫洒"。

礼 运

【原文】

昔者仲尼与于蜡①宾，事毕，出游于观②之上，喟然③而叹。仲尼之叹，盖叹鲁也。言偃在侧曰："君子何叹？"孔子曰："大道之行也，与三代之英，丘未之逮④也，而有志焉。大道之行也，天下为公。选贤与能，讲信修睦。故人不独亲其亲，不独子其子，使老有所终，壮有所用，幼有所长，矜寡孤独废疾者⑤，皆有所养，男有分，女有归。货恶其弃于地也，不必藏于己；力恶其不出于身也，不必为已。是故谋闭而不兴，盗窃乱贼而不作，故外户而不闭，是谓大同。

今大道既隐⑥，天下为家，各亲其亲，各子其子，货力为己，大人世及以为礼，城郭沟池以为固，礼义以为纪。以正君臣，以笃父子，以睦兄弟，以和夫妇，以设制度，以立田里，以贤勇、知，以功为己。故谋用是作，而兵由此起。禹、汤、文、武、成王、周公，由此其选也。此六君子者，未有不谨于礼者也。以著其义，以考⑦其信，著有过，刑⑧仁讲让，示民有常。如有不由此者，在势者去⑨，众以为殃。是谓小康。"

【注释】

①蜡（zhá）：年末之时进行的隆重祭祀活动，又叫做蜡祭。

②观（guàn）：与"灌"同音，指的是古代在宗庙门外的小楼。

③喟（qīng）然：深深地感叹。

④逮（dài）：赶得上。

⑤矜寡、孤独、废疾者：老而无妻、无夫的人；年幼无父、年老无子的人；身体残疾的人。矜，与"鳏"同。

⑥隐：退去、消散之意。

⑦考：成就。

⑧刑：范式、优秀。

⑨去：辞去、驱逐。

【译文】

先前，孔子曾经参与蜡祭，充任蜡祭饮酒的宾客。蜡祭完毕，他外出到门楼上游览时唉声叹气。仲尼叹气，是为鲁国叹气。言偃在旁边问道："您为什么叹息呢？"孔子说："大道施行的时代，和三代英明之主所处的时代，我都没有赶上。可是心里向往。大道施行的时代，天下是公共的，选拔贤能的人治理天下，人们之间讲究信用，和睦相处。所以人们不只是爱自己的父母，也要爱别人的父母；不单单疼爱自己的儿子，也疼爱别人的儿子，使老年人能安享天年，壮年人能发挥作用，小孩子能得到良好的教育，年老失去妻、儿、丈夫，年少失去父亲的人和残疾人都能得到供养。男人致力于自己的职分，女人出嫁建立家庭。厌恶财物被丢弃浪费，但不必把它占为己有；厌恶有力气偷懒不用，但并不必是为了自己。因此各种图谋都杜绝了而不发生，也没有去做劫掠偷窃的盗贼，因而从外面合住门而不关紧，这就叫做大同世界。

当今社会大道已经隐没不行了，天下成了君王一家的天下，人们只亲爱自己的亲人，各人也只把自己的孩子当作孩子，财物或出力全是为自己。天子诸侯把世袭作为礼，修建城郭、开掘护城河来坚固防守，把礼义作为纲纪，用来使君臣关系确定，使父子关系淳厚，使兄弟关系和睦，使夫妇关系和谐，并且以此设立制度，划分田地和住宅，把勇猛、聪明的人当做贤人，为己建立功业，故阴谋诡计由此产生，战争也由此而起。禹、汤、文、武、成王、周公，就是用礼义治理天下，从而成为才德出众的人。这六位君子，没有不恪守礼制的，彰明它的意义，用它来考察人们的信用，明察过失，刑法仁厚而讲究谦让，告诉人们正常的规范准则。如果有不遵循礼义的，有权势的人也要被驱逐，人人都视他为灾祸。这就叫做小康社会。"

【原文】

言偃复^①问曰："如此乎礼之急也？"孔子曰："夫礼，先王以承天之道，以治人之情，故失之者死，得之者生。《诗》曰：'相鼠有体，人而无礼。人而无礼，胡不遄^②死？是故夫礼必本于天，殽^③于地，列^④于鬼神，达于丧、祭、射、御、冠、昏、朝、聘。故圣人以礼示之，故天下国家可得而正也。"

言偃复问曰：“夫子之极言礼也，可得而闻与？”孔子曰：“我欲观夏道，是故之杞，而不足征⑤也，吾得《夏时》焉。我欲观殷道，是故之宋⑥，而不足征也，吾得《坤乾》⑦焉。《坤乾》之义，《夏时》之等，吾以是观之。”

【注释】

①复：再次。

②遄（chuán）：快，迅速。

③斁："效"的假借字。

④列：使动用法，使……有顺序的意思。

⑤征：证明。

⑥宋：古代的国家名，是商汤的后代所建。

⑦《坤乾》：殷人运用阴阳占筮的书。

【译文】

言偃又问道："礼，真像这样急需吗？"孔子说："礼，是先代君王用来承奉自然法则。来陶冶人的情操的。所以，失去礼必然死亡，遵行礼才能生存。《诗经》上说：'看那老鼠有肢体，做人反而没有礼；做人反而没有礼，何不快点死去呢？因此，礼必须以天为根本，效法于地理，取法于鬼神，表现在丧、祭、射、御、冠、婚、朝、聘等礼上。所以圣人用礼来昭示民众，天下国家就可以治理好了。"

言偃又问道："老师如此极力推崇礼，可以让我听听是什么吗？"孔子说："我想知道夏朝的礼，所以到杞国去，但年代久远，无法验证了。我从那里只获得了一部名为《夏时》的历书。我想知道殷商的礼，所以到宋国去，也是无法得到验证，我从那里只获得了一部名为《坤乾》的书。我从《夏时》、《坤乾》中看到的是阴阳的功用和礼的区分等次，并从此看到了礼的演变道理及周转的程序。

【原文】

孔子曰："呜呼哀哉！我观周道，幽、厉①伤之。吾舍②鲁何适矣？鲁之郊、禘③，非礼也。周公其衰矣！杞之郊也，禹也；宋之郊也，契也。是天子之事守也。故天子祭天地，诸侯祭社稷。祝、嘏莫敢易其

常古，是谓大假④。祝、嘏辞说，藏于宗、祝、巫、史，非礼也。是谓
幽国。醆、斝⑤及尸君，非礼也。是谓僭君。冕、弁、兵、革，藏于私
家，非礼也。是谓胁⑥君。大夫具官，祭器不假，声乐皆具，非礼也。
是谓乱国。故仕于公曰臣，仕于家曰仆。三年之丧，与新有昏者，期⑦
不使。以衰裳入朝，与家仆杂居齐齿，非礼也。是谓君与臣同国。故
天子有田以处其子孙，诸侯有国以处其子孙，大夫有采以处其子孙。
是谓制度。故天子适诸侯，必舍其祖庙，而不以礼籍入，是谓天子坏
法乱纪。诸侯非问疾吊丧，而入诸臣之家，是谓君臣为谑。是故礼者，
君之大柄也。所以别嫌明微，傧鬼神，考制度，别仁义，所以治政安
君也。故政不正则君位危，君位危则大臣倍，小臣窃。刑肃⑧而俗敝，
则法无常，法无常而礼无列，礼无列，则士不事也。刑肃而俗敝，则
民弗归也。是谓疵国。

【注释】

① 幽、厉：周幽王和周厉王，他们是西周末年的两个昏君。

② 舍：离开。

③ 禘：与"第"同音。是古代的祭祀名，指帝王诸侯祭祀始祖或者
夏季宗庙中举行的祭祀。

④ 假：指大。

⑤ 斝（jiǎ）：一种大口圆腹，下有三锥形足的青铜酒器。

⑥ 胁：威胁、胁迫。

⑦ 期（jī）：一年。

⑧ 肃：严峻。

【译文】

孔子说："唉，太可悲啊！我考察周代的制度，自幽王、厉王起周
礼就败坏了，为今只有鲁国秉承周礼，如果我舍弃鲁国，我将去向何处
呢？鲁国现在举行的郊禘之礼，不符合礼。周公创制的礼到他以后就衰
微了。杞国的祭天之礼祭的是禹，宋国的祭天之礼祭的是契。这是天子
的分内之事。所以只有天子才有可以祭天地，诸侯只能祭自己国内的社
稷之神。

祝词嘏辞不敢更改旧有制式，这称为礼中最大的礼。把祝词和嘏

辞的礼文放在宗、祝、巫、史的家，不符合礼数，这称为幽暗之国。用盏、斝向尸君献酒，不符合礼，这称为僭礼君王。冕弁是国君有命才可穿的尊服，兵器甲革是国家的武卫，却藏在大夫家中，这不合于礼，这叫做威胁国君。大夫家中有执事官吏，祭器齐全不需向人借用，声乐器具齐备，不符合礼，这称为纲纪悖乱的国家。因此。为国君效力的官叫做臣，为士大夫效力的叫做仆。为父母服丧三年的臣和新结婚的臣，一年之内国君不派他差使。如果穿着丧服进朝，或和家仆杂居等列，这也不符合礼，把朝廷当做他的家，这称为君臣共同拥有国家。因此天子有田地就安置他的子孙，诸侯有封国就安置他的子孙，大夫有封地就安置他的子孙，这称为制度。因此天子到诸侯那里去。必然在诸侯的祖庙里下榻，如果天子不依照礼册上的规定就擅自进入祖庙，这称为天子败坏礼法。诸侯如果不是探视疾病、吊丧而进入到臣下的家里，这称为君臣戏谑。所以，礼是国君用来治理国家的重要手段，是用来辨别疑惑，洞察幽微，敬奉鬼神，考察制度。辨别不同对象而运用仁或义的，是用来治理国政而安定君位的。因此，如果政治不端正，那么国君的地位就危险，君位动摇大臣就会悖逆，小臣就会窃权。如果刑罚严峻却礼俗败坏，法律就会波动不定，法律不定而礼就秩序紊乱，礼秩序紊乱做官的就会不忠于职事，刑罚严峻而礼俗败坏，那么民众就不会归心于国家，这称为疵国。

【原文】

"故政者，君之所以①藏身也。是故夫政必本于天，殽以降命。命降于社之谓殽地，降于祖庙之谓仁义，降于山川之谓兴作②，降于五祀③之谓制度，此圣人所以藏身之固④也。

"故圣人参⑤于天地，并于鬼神，以治政也。处其所存，礼之序也；玩⑥其所乐，民之治也。故天生时而地生财，人，其父生而师教之，四者君以正用之，故君者立于无过之地也。"

【注释】

①所以：用来……的人、用来……的食物、用来……的地方。
②兴作：建设。
③五祀：指户、灶、中雷、门、行。

④固：稳固。

⑤参：参考。

⑥玩：研习。

【译文】

"政治是国君托身以保安定之处。因此，国政必须以天理为根本来制定政令。政令根据土地需要来下达称为地利，根据祭祀祖庙需要来下达称为仁义，根据利用山川需要来下达称为兴建，根据建造宫室的需要来下达称为制度。这就是圣人托身之处稳固的缘故。

"因而圣人配合天地，与鬼神一起，来治理国政。处在圣人所存在的时代，到处是礼的秩序；体味圣人所引以为乐的，是民众得到治理。因此天有四季，而地有资财，人的身体由父母生养，知识才能是师长教育，这四方面，国君只需恰当地运用它们。因此做国君的必须正身立于无有过错之地。"

【原文】

"故人者，其天地之德，阴阳之交，鬼神之会，五行之秀气也。故天秉阳，垂日星。地秉阴，窍①于山川。播②五行于四时，和而后月生也。是以三五而盈，三五而阙③。五行之动，迭相竭也。五行、四时、十二月，还相为本也。五声、六律、十二管，还相为宫也。五味、六和、十二食，还相为质也。五色、六章、十二衣，还相为质也。

"故人者。天地之心也，五行之端也，食味、别声、被色而生者也。故圣人作则，必以天地为本，以阴阳为端，以四时为柄④，以日星为纪，月以为量，鬼神以为徒⑤，五行以为质，礼义以为器，人情以为田，四灵以为畜。以天地为本，故物可举也。以阴阳为端，故情可睹也。以四时为柄，故事可劝也。以日星为纪，故事可列也。月以为量，故功有艺⑥也。鬼神以为徒，故事有守也。五行以为质，故事可复也。礼义以为器，故事行有考也。人情以为田，故人以为奥⑦也。四灵以为畜，故饮食有由也。"

【注释】

①窍：动词，形成洞穴、贯通。

②播：散播、分散。

③阙：与"缺"相通。

④柄：权衡。

⑤徒：同伴、伴侣。

⑥艺：标准，准则。

⑦奥：主要的，主要的对象。

【译文】

"人类是天地的客观规律造就的，交错着阴阳性，会合着过去与未来，是五行的灵秀之气。因此天持阳性，日月星辰普照大地。地持阴性，山川通气。把五行分散到四季之中，四季和顺而后生出十二个月。因此十五天而月盈满，又十五天而月亏缺。五行的消长，轮流承载。五行、四季、十二个月。周而复始。五声、六律、十二律管，交替应用来确定宫音的音高。五味、六和、十二食，五色、六章、十二衣，也都肇转着互相为主。

"因此人类顺从自然法则而生，是五行的发端，品尝五种味道，辨别五种声音，兼备五种颜色而产生出来的。因此圣人制作法则，必然以天地为根本，以阴阳交会为开端，以四季当行的政令作为权衡，以太阳、星辰的运行为准则来计时。以十二月来计量事功，以鬼神为徒属，以五行运行的规律为本体，以礼义作为工具，以人情作为田地，以四灵作为家禽。以天地行为根本，因此可以包罗万物。以阴阳为开端，因此两方的情形都可以看见。以四季当行的政令作为总纲，因此做事就有了努力的目标。以日、月的运行来为准则计时，因此做事情可以有条理。以十二月来计量事功，因此所当完成的事功就有了标准。以鬼神为徒属，所以循守职事。以五行运行的规律为本体，因此凡事都可以周而复始。以礼义为工具，因此做事情就会有成效。以人情为治理对象，因此把人作为主要对象。以四灵为家禽，因此民众的饮食就有了来源。"

【原文】

"何谓四灵？麟、凤、龟、龙谓之四灵。故龙以为畜，故鱼鲔不淰①；凤以为畜，故鸟不獝②；麟以为畜，故兽不狨；龟以为畜，故人情不失③。

故先王秉蓍④龟，列祭祀，瘗缯，宣祝嘏辞说，设制度。故国有礼，官有御，事有职，礼有序。

故先王患礼之不达于下也，故祭帝于郊，所以定天位也；祀社于国，所以列地利也；祖庙，所以本⑤仁也；山川，所以傧鬼神也；五祀，所以本事也。故宗祝在庙，三公在朝，三老在学，王前巫而后史，卜筮瞽侑⑥皆在左右。王中心无为也，以守至正。故礼行于郊而百神受职焉，礼行于社而百货可极焉，礼行于祖庙而孝慈服焉，礼行于五祀而正法则焉。故自郊、社、祖庙、山川、五祀，义之修而礼之藏⑦也。"

【注释】

①渗（shěn）：鱼惊走的意思。

②獝（xù）：鸟惊飞的意思。

③失：失误。

④蓍：与"诗"同音，用来占卜的草。

⑤本：这里有体现的意思。

⑥瞽、侑：瞽，乐师。侑，用奏乐或献玉帛劝人饮食的人，即膳宰。

⑦藏：归宿。

【译文】

什么是四灵？麟、凤、龟、龙诸动物之首称为四灵。因此养了龙，鱼类就会被统率而不会被惊走；养了凤，鸟类就不会被惊飞；养了麟，兽类就不会被惊跑；养了灵龟，就会准确无误地占卜出人情。

"因此先王秉持卜筮用的蓍草和龟甲，按照顺序进行祭祀，埋葬祭品，宣读祝词，建立制度，于是国家有礼制，官吏有执掌，事情有职分，礼制有秩序。

"先王担心礼不能通达于天下。因此在郊外祭祀天帝，用来确定天至高无上的地位。在国都祭祀社神，用来列举土地养民的功劳。祭祀祖庙，用来体现仁爱。祭祀山川，用来敬奉鬼神。祭祀五祀，用来体现人事。因此宗祝在庙里帮助君王行礼。三公应处在朝堂之上，三老应处在学校之内。君王前有接待鬼神的巫，后有记录言行的史。卜筮、乐师和侑都守在身旁。天子的心中无所作为，用来坚守正道。因此在郊外祭祀天帝，众神就会忠于职守。祭祀社神，各种物品都能尽其所用。祭祀祖庙，孝敬慈爱就会让人信服。祭祀五祀，各种法令规则就会得到端正。因此祭天、祭社、祭祖庙、祭山川这些地方的祭祀中修饰了义，而礼又寄托在其中。"

【原文】

"故礼义也者，人之大端①也。所以讲信修睦。而固人之肌肤之会，筋骸之束②也；所以养生送死，事鬼神之大端也；所以达天道，顺人情之大窦③也。故唯圣人为知礼之不可以已④也。故坏国、丧家、亡人，必先去其礼。"

【注释】

①大端：最根本点。

②肌肤之会，筋骸之束：肌肤、筋骸紧密联系，不可分开。此处是借喻人类社会关系不散乱全靠礼义的维系。

③窦：水道。

④已：停止。

【译文】

"因此，礼义是人类做一切事情最基本的出发点。人类依据礼义，才能讲究诚实，重视和睦，如同肌肤之会、筋骸之束对人的作用一样，使人类社会更团结地生存；人类凭借礼义是用来供养活着的人，送走死去的人，祭祀鬼神的最基本的出发点；是用来通达天理、顺适人情的重要渠道。因此只有圣人才知道礼是不可以停止的。所以那些败国、丧家、身败名裂的人，肯定先抛弃了礼义。"

【原文】

"故礼之于人也，犹酒之有蘖①也：君子以厚，小人以薄。故圣王修义之柄，礼之序，以治人情。故人情者，圣王之田也，修礼以耕之，陈义以种之，讲学以耨②之，本仁以聚③之，播乐以安之。故礼也者，义之实也。协诸义而协，则礼虽先王未之有，可以义起也。义者，艺之分，仁之节也。协于艺，讲于仁，得之者强。仁者，义之本也，顺之体也。得之者尊。故治国不以礼，犹无耜而耕也；为礼不本于义，犹耕而弗种也；为义而不讲之以学，犹种而弗耨也；讲之以学而不合之以仁，犹耨而弗获也；合之以仁而不安之以乐，犹获而弗食也；安之以乐而不达于顺，犹食而弗肥也。四体既正，肤革充盈，人之肥也。父子笃④，兄弟睦，夫妇和，家之肥也。大臣法，小臣廉，官职相序，君臣相正，国之肥也。天子以德为车，以乐为御，诸侯以礼相与⑤，大夫以法相序，士以信相考，百姓以睦相守，天下之肥也。是谓大顺。大顺者，所以养生、送死、事鬼神之常也。故事大积焉而不苑，并行而不缪⑥，细行而不失，深而通，茂而有间，连而不相及也，动而不相害也。此顺之至也。故明⑦于顺，然后能守危也。"

【注释】

①蘖（niè）：酿酒制酱发酵时候用的曲。
②耨（nòu）：除草。
③聚：团结、联合。
④笃：忠信。
⑤相与：相交、相处。
⑥缪：悖谬、不合情理。
⑦明：明白、通晓。

【译文】

"因此礼义对于人来说，就好比是酿酒时用的酒曲那么关键，礼义厚重就成为君子，礼义轻薄就变为小人。因此先贤圣王以修持礼义、规范秩序来治理人情世故。所以人情是圣王的田地，用修礼耕田，用陈义种田，用讲学锄田，用仁爱来收获，用播乐来习惯这礼义的行为。宣扬礼义要把其真正内涵落到实处，通过实际行动来辅助礼义，因为礼义在前代的先贤圣王时期不曾实行，所以现在实行时要明白其中要义。仁义是区分人身份、地位的标准，对仁的具体表现形式也要根据具体情况而有所不同。能够以义协助于艺、讲求于仁的，这便是强者。仁者以宣扬义为根本，按其行事便不会违背大义，宣扬仁义的人便会赢得他人的尊重。因此说，治理国家不讲求礼义，就好比耕地没有农具一样；宣扬礼不从根本的仁义出发，就好比耕种没有播种一样；有义却不加以研习，就如同播种以后却不去锄草一样；行义的要领违背了仁的要求，就好比劳作后却不去收获一样；合乎仁的要求却不能使百姓安居乐业，就好比是有了收获却不能享受果实一样；能使百姓安居乐业却不能使国家通达安稳，就好比吃了东西却没使身体健康起来一样。四肢端正，吃穿所需充盈，这是健康的身体。父子忠厚纯正，兄弟和睦相处，夫妻恩爱有加，是健康的家庭。大臣公正无私，小臣廉洁奉公，官职上下有序，君臣相互信任，这是健康的国家。天子以施行仁德为车，以礼乐制度为驾驶的车夫，诸侯之间以礼相待，大夫之间以法度规范秩序，士人之间以信誉相交，百姓之间以和睦相守。这就是健康的世界，这就是所说的大顺。大顺，就是养生送死，侍奉鬼神的常礼。即使有再多再大的事情也不会凌乱不堪，行起事来也不会相互影响，微末小事也不会遗忘，且能深刻地领悟其中道理。虽然事务繁忙却也有闲乐的时候，有些事情相互关联难以解决，但行动起来不会使其相互间有损害，这便是'顺'的最高境界。只有明白了什么是国家所需要的'顺'，然后方可守住高位而不危乱"

【原文】

"故礼之不同也，不丰①也，不杀也，所以持情而合②危也。故圣王所以顺，山者不使居川，不使渚者居中原，而弗敝③也。用水、火、金、木、饮食必时，合男女、颁爵位必当年德，用民必顺。故无水旱昆虫之灾，民无凶饥妖孽之疾。故天不爱④其道，地不爱其宝，人不爱其情。故天降膏露，地出醴泉，山出器车，河出马图，凤凰、麒麟皆在郊棷⑤，龟、龙在宫沼，其余鸟兽之卵胎，皆可俯而窥也。则是无故，先王能修礼以达义，体信以达顺故。此顺之实也。"

【注释】

①丰：过度。
②合：闭合，防止。
③敝：凋敝、败落。
④爱：吝惜。
⑤棷：音'邹'，通'薮'，生长着许多草的湖泽。

【译文】

"因此礼是讲究尺度差别的，既不过分，也不减少，用来维持人情防止危险。圣王用天地人的和顺来制礼。因此不让居住在山区的人到平原上居住，不让居住在洲岛上的人到中原居住，这样就不会破坏人们的生活习俗。使用水、火、金、木等生活资料和饮食必须顺应季节的变化；男婚女嫁、授予爵位，必须依照人的年龄和德行；使用民力必须顺应时令。因此没有水、旱、昆虫等自然灾害，民众没有发生饥荒和妖孽等祸事。因此天不隐藏养民之道，地不隐藏养民之宝，人不隐藏其智慧。因此天才降下甘露，地才涌出甘美的泉水，山才出现宝器车辆，河里有龙马背着《图》出现，凤凰、麒麟都出现在郊外的湖泽中，龟和龙都在宫殿的池沼里畜养，其他鸟的卵和怀胎的兽，都能随地看到而不受惊吓。这种太平景象的实现，没有其他原因，是先王能够遵循礼而通达义，依循信诚而通达和顺的缘故。这是顺应天理的结果。"

礼 器

四书五经

【原文】

礼器①。是故大备②。大备，盛德也。礼释③回，增美质，措④则正，施则行。其在人也，如竹箭之有筠也，如松柏之有心也。二者居天下之大端矣，故贯四时而不改柯易叶。故君子有礼，则外谐而内无怨。故物无不怀⑤仁，鬼神飨德。

先王之立礼也，有本⑥有文。忠信，礼之本也；义理，礼之文也。无本不正，无文不行。

礼也者，合于天时，设于地财，顺于鬼神，合于人心，理万物者也。是故天时有生也，地理有宜也，人官有能也，物曲⑦有利也。故天不生，地不养，君子不以为礼，鬼神弗飨也。居山以鱼鳖为礼，居泽以鹿豕为礼，君子谓之不知礼。故必举其定国之数⑧，以为礼之大经。礼之大伦，以地广狭；礼之薄厚，与年之上下。是故年虽大杀，众不匡⑨惧，则上之制礼也节矣。

【注释】

①器：具体的功用。

②大备：完备。

③释：去除。

④措：安置。

⑤怀：归。

⑥本：根本，指基础原则。

⑦物曲：指万物不同的用途。

⑧定国之数：指国内物产多少之数。

⑨匡：与"恇"相通，恐惧的意思。

【译文】

礼的功用能使人完备。功用完备就是德性之最高表现了。礼可以消除邪恶，完善人的品德，举措符合正道，措施得以实行。人有了礼，就好比竹箭有了青皮，又好比松柏有了坚贞的木心，这两个方面，正是天下万物的大本。所以万物经历了春夏秋冬而不改变其枝叶的茂盛。因此，君子有了礼，就能与外界和谐相处，对内也没有怨恨的念头。因此不但没有人不怀念他的仁慈，即使冥冥中，也在欣赏他的德性。

先世王者所制订的礼，自有其精神基础和形式原则。忠信，是礼的精神基础；义理，是礼的形式原则。没有精神基础，礼就不能成立；没有形式的原则，礼就无法施行。

礼，是合乎天时，配合地的物产，顺应鬼神意旨，切合人的心理，而治理万物的。只有如此，能因天时而生生不已，因地理而各适其所宜，因人体而各显其所能，因物宜而各具其效用。凡不是天生、地长的东西，君子都不会用来行礼的，因为鬼神也不享用。居住在山中，却使用水里的鱼鳖来行礼；居住在水滨，却使用山里的鹿豕来行礼，这样做，君子也认为是不懂得礼的。所以一个国家必须根据自己国内物产的多少，作为行礼的基本条件。行礼的大的类别，是根据所拥有土地的大小而定的，礼的厚薄，要依据年成的好坏而定。因为有了这种制度保证，即使在年成不好的时候，民众也不会担心。因为他们相信在先王之制，礼是有分寸的。

【原文】

礼，时①为大，顺次之，体②次之，宜次之，称③次之。尧授舜，舜授禹，汤放桀，武王伐纣，时也。《诗》云："匪革其犹，聿追来孝。"天地之祭，宗庙之事，父子之道，君臣之义，伦也。社稷山川之事，鬼神之祭，体也。丧祭之用，宾客之交，义也。羔、豚而祭，百官皆足，大牢④而祭，不必有余，此之谓称也。诸侯以龟为宝，以圭为瑞。家不宝⑤龟，不藏圭，不台门，言有称也。

礼有以多为贵者：天子七庙，诸侯五，大夫三，士一。天子之豆二十有六，诸公十有六，诸侯十有二，上大夫八，下大夫六。诸侯七介⑥、七牢，大夫五介、五牢。天子之席五重，诸侯之席三重，大夫再重。天子崩，七月而葬，五重八翣⑦；诸侯五月而葬，三重六翣；大夫三月而葬，再重四翣。此以多为贵也。

【注释】

①时：合时。

②体：指不同的祭祀对象。

③称：相称，恰当。

④大牢：以牛、羊、猪三牲为祭品。

⑤宝：意动用法，把……当作宝贝。

⑥介：随同国君或大夫前来朝觐的官员。

⑦翣（shā）：遮盖棺材的装饰物，形状像扇子，用木头所做，外面罩着白布，上面画有图形。

【译文】

制礼之要点，最重大者是据时代环境，其次是伦理分际，再其次是所祭的对象，再其次是行为意义，最后是注意要与身份相称。例如尧把位传给舜，舜把位传给禹：商汤放逐夏桀，武王讨伐商纣，这些都是合天时而行的。《诗经》上说："并非急于贯彻自己的方针，而是追怀先人的功业，显示自己的孝心。"意因此时代不同，而礼也不同。王者祭祀天地，宗庙里祭祀祖先，父子间的道德，君臣间的大义，种种体现天理的礼事，就是礼所顺应的伦常。对社稷、山川、鬼神的祭祀，对象不同，礼也有所不同，这就叫做各得其体。丧葬祭祀及宾客交往所需的费用，都必须适合于礼。大夫及士的祭祀，仅用一只羔羊、一头小猪，但这也足够参加祭祀的人分享；天子国君的祭祀，用牛、羊、豕三牲，但不会浪费，这便是礼与身份相称。再如诸侯有宝龟、有瑞圭，而大夫们则不能有宝龟、瑞圭，也不能修宫观的建筑。这是说礼与身份要相称。

礼，一些以多为贵的。如天子为祖先建七庙，诸侯建五庙，大夫建三庙，士只建一庙。天子吃饭有二十六道菜，公爵十六，诸侯十二，上大夫八，下大夫六；诸侯出国访问，有七个副员帮助传话，主国以七席荤菜招待来宾；大夫奉诸侯之命出国访问则只有五个副员帮助传话，五席荤菜。天子的座席有五层，诸侯的有三层，大夫的只有两层；天子去世，七个月以后才能下葬，葬时，棺下的草垫和棺上的厚板各有五层，翣用八个；诸侯去世，五个月后便下葬。葬时棺下的草垫和棺上的厚板各用三层，翣用六个；大夫去世，三个月便下葬。葬时棺下的草垫和棺上的厚板各有两层，翣用四个。从这里，就知道礼有的是以多为贵。

【原文】

有以少为贵者：天子无介，祭天特牲①。天子适诸侯，诸侯膳以犊。诸侯相朝，灌②用郁鬯，无笾豆之荐。大夫聘礼以脯、醢③。天子一食，诸侯再，大夫士三，食力无数。大路繁缨一就，次路繁缨七就。圭、璋特，琥、璜爵。鬼神之祭单席。诸侯视朝，大夫特，士旅之。此以少为贵也。

有以大为贵者：宫室之量，器皿之度，棺椁之厚，丘封④之大，此以大为贵也。

有以小为贵者：宗庙之祭，贵者献以爵，贱者献以散；尊者举觯，卑者举角。五献⑤之尊，门外缶，门内壶。君尊瓦甒。此以小为贵也。

有以高为贵者：天子之堂九尺，诸侯七尺，大夫五尺，士三尺。天子诸侯台门⑥。此以高为贵也。

有以下为贵者：至敬⑦不坛⑧，扫地而祭。天子诸侯之尊废禁，大夫、士棜禁。此以下为贵也。

【注释】

①特牲：祭天只用一只牛。

②灌：敬酒。

③脯、醢：干肉和肉酱类的食品。

④丘封：墓上所封的土。

⑤五献：指享礼的献数。

⑥台门：天子、诸侯宫门外所建的楼观。

⑦至敬：这里指祭天的郊祀之礼。

⑧坛：这里用作动词，筑坛。

【译文】

礼也有以少贵的：诸侯出门有七个，而天子出门则不用一个副官。在最隆重的祭天仪式，却只用一头牛。天子到诸侯国视察，诸侯也只用一牛犊招待；诸侯相互访问，彼此互敬可用酒，而不设脯醢等物；大夫出国访问，却脯醢款待。在食礼上，天子一食便告饱，诸侯则两食，大夫和士三食，而从事体力劳动的下人则没有数量限制，吃饱为止；殷代祭天所用的大车，只用一圈繁缨来装饰马匹，平常杂事所用的车马却用七圈；晋见大人物所献的贵重玉器，如圭璋，全都单独捧出；至于次等的，如琥璜，则以爵为配。祭祀鬼神只用一层席；诸侯临朝时，对大夫须个别地行拜见之礼，而对士则向众人行一次拜见之礼。诸如此类，又可见礼有的是以少为贵。

礼有的以大为贵的：例如，宫室的规模，器皿的尺寸，棺椁的厚度，坟丘的高大，都是越贵者越大。

礼有的以小为贵的：例如，宗庙之祭，主人献尸则以小杯，而贱者为献（此礼不可考）则用大杯。在诸侯举行"五献"时，放置酒器的方法，是把最大的盛酒器缶置于门外，较大的壶置于门内，而主客互酬却使用最小的酒壶。这些都是以小为贵的例子。

礼有的以高为贵的：天子殿堂的堂基高九尺，诸侯的堂高七尺，大夫的堂高五尺，士的只有三尺；天子和诸侯建造台门，而大夫门前只有个较低的门楼。这些都是以高为贵的例子。

礼有的以低下为贵的：祭天，开始时在坛上燔柴告天降神，这是最高的礼仪，但却并不登坛，只是在坛下扫地而祭；天子诸侯放置酒樽不用禁，大夫和士却用无足的托盘。这些都是以低下为贵的例子。

【原文】

礼也者，犹体也。体不备，君子谓之不成人。设[1]之不当，犹不备也。礼有大有小，有显有微。大者不可损，小者不可益，显者不可掩，微者不可大也。故经礼[2]三百，曲礼[3]三千，其致一也。未有人室而不由户[4]者。

君子之于礼也，有所竭情尽慎，致其敬而诚若[5]，有美而文而诚若。君子之于礼也，有直而行也，有曲而杀也，有经而等也，有顺而讨也，有摭而播也，有推而进也，有放[6]而文也，有放而不致也，有顺而摭[7]也。

三代之礼一也，民共由之，或素或青，夏造殷因。

周坐尸，诏侑武方，其礼亦然。其道一也。夏立尸而卒祭，殷坐尸，周旅酬六尸。曾子曰："周礼其犹醵[8]与。"

【注释】

①设：安排。

②经礼：指礼的纲要、大节。

③曲礼：指礼的条目、细节。

④户：门。

⑤诚若：诚意。

⑥放：仿效。

⑦摭（zhí）：拾取。

⑧釂（jù）：众人凑钱喝酒。

【译文】

礼，就像人体一样。如果人体不完备，君子就称之为不完善的人。礼如果安排得不妥当，那就像身体不完备一样。礼有规模盛大的大礼。也有形式短小的小礼，有的礼意义一目了然，有的不容易看出它的用意。该大的礼不能缩小，该小的礼不能扩大；意义明显的不必掩盖，意义微妙的不必张扬。礼的纲要有三百，礼的细节有三千，其基本精神都是一样的，都是以诚为基本精神。这就像人要进屋，必须经过门一样。

君子对于礼必有忠信，是竭尽自己的真情和适意的，致其敬爱，要有这种诚意；维持仪式，也要有这种诚意。君子对于礼，有的直接顺着自己的情感实行，有的则要克制自己才能实行，有的以平等为常道的，有的却要从尊到卑、顺次减损的，有的是除其上者而及于下者的，有的却是自下而上、逐级推进的，有的是向上仿效而更加文饰的，有的却是向上仿效而不敢超越最高标准的，还有自上而下依序有所取舍的。

夏殷周三个时代本质上是一样的，民众共同遵循它。三代虽然有的崇尚白色，有的崇尚青色，但（礼的基本原则却是从）夏代开始制定，殷代传承下来的。

周代祭祀时让尸坐着，告尸、劝尸无常规，礼仪与殷代也是相同的，行礼时都需要怀有诚心也是一致的。夏代让尸站着受享，直到祭祀结束。殷代的尸，坐着受祭。周代的尸坐着，还把六亲祖庙之尸聚集到太庙，自上而下地举酒酬送。曾子说："周代的礼，在太祖面前互相劝饮，就像大伙儿凑份钱在一块儿喝酒一样。"

【原文】

天道至教，圣人至德。庙堂之上，罍尊①在阼，牺尊在西；庙堂之下，县鼓②在西，应鼓③在东。君在阼，夫人在房，大明生于东，月生于西，此阴阳之分，夫妇之位也。君西酌牺象、夫人东酌罍尊。礼交动乎上，乐交应乎下，和④之至也。

礼也者，反其所自生⑤；乐也者，乐其所自成。是故先王之制礼也以节⑥事，修乐以道志。故观其礼乐，而治乱可知也。蘧伯玉曰："君子之人达，"故观其器而知其工之巧，观其发而知其人之知⑦。故曰：君子慎其所以与人者。

【注释】

①尊：与"樽"相通，酒杯。
②县鼓；大鼓。
③应鼓：小鼓。
④和：和谐。
⑤所自生：本源。
⑥节：节制。
⑦知：与"智"相通。

【译文】

自然界的规律是对人的最高教诲，圣人的德行是最高的德行。宗庙举行祭祀时，在庙堂之上，罍樽置于东阶，牺樽、象樽置于西阶。在庙堂之下，大鼓置于西面，小鼓置于东面。国君站在堂上东阶的主位。夫人立在西房中；太阳从东方升起，新月在西方出现，这就是阴阳的分界，从而反映在祭礼中夫妇的位置。到举祭时，国君由东边走向西边，在牺樽象樽中斟酒，夫人则在东边罍樽中斟酒。堂上交互着行礼，而堂下亦应和着奏乐，这是和谐的最高境界。

制礼要回溯到原来创礼的本意，作乐则是表达对礼教完成的喜悦。因此先王制定礼用来调节人们的行事，修习音乐用来引导人们宣达心志。所以观察一国的礼乐。便可以知道其国家治理的情况。蘧伯玉说："君子都明达事理。他们只要观察器物，便能知道工匠的技巧；观察一个人的外在表现，便能知道这个人的才智。因此说：君子都十分慎重其所做给人看的礼乐。

大庙之内敬矣：君亲牵牲，大夫赞币^①而从；君亲制祭，夫人荐盎；君亲割牲，夫人荐酒。卿大夫从君，命妇^②从夫人。洞洞^③乎其敬也，属属乎其忠也，勿勿乎其欲其飨之也！纳牲诏于庭，血、毛诏于室，羹定诏于堂。三诏皆不同位，盖道求而未之得也。设祭于堂，为祊乎外，故曰：于彼乎，于此乎？

一献质^④，三献文，五献察，七献神。

大飨，其王事与？三牲、鱼、腊，四海九州之美味也。笾豆之荐，四时之和气也。内金^⑤，示和也。束帛加璧，尊德也。龟为前列，先知也。金次之，见情也。丹、漆、丝、纩^⑥、竹箭，与众共财也。其余无常货，各以其国之所有，则致远物也。其出也，《肆夏》而送之，盖重礼也。

祀帝于郊，敬之至也。宗庙之祭，仁之至也。丧礼，忠之至也。备服器，仁之至也。宾客之用币^⑦，义之至也。故君子欲观仁义之道，礼其本也。

【注释】

①赞币：帮助君主执币帛。

②命妇：指卿大夫之妻。

③洞洞：虔诚的样子。

④质：质朴。

⑤内金：指诸侯贡纳的金。内：通"纳"。

⑥纩（kuāng）：与"矿"同音，丝绵絮。

⑦币：宾主之间互相赠送的礼物。

【译文】

在太庙里祭祖是特别恭敬的：国君亲自牵着祭牛，进至庭中，而大夫帮着捧制币告神跟随在后。到了杀牲之后，主人又亲手捧着毛血供祭于室中，而夫人献酒。然后国君又亲自割取牲体，国君夫人再次献酒。在这个过程中，卿大夫们跟随着国君，命妇们跟随着夫人，气氛庄严隆重，人们是那么地诚心又恭敬，专心又忠诚，十分勤勉地一献再献，希望祖先们来饮享丰盛的祭品。牵牲入庙时，在庭中向神禀告；杀牲后荐血毛时，在室内禀告；进荐煮熟的食物时，在堂上禀告。三次在三个地方告神，意味着祖先的神灵还没有找到。因此把祭品供在堂中，又在大门外行了彷祭。好像是在问："神灵是在哪里啊？还是在这里吗？"

举行一献之礼还比较质朴粗略，举行三献之礼，仪式就稍加文饰了，举行五献。仪式就更加显盛了，举行七献之礼，那等于敬之如神了。

在太祖庙中举行的大飨之礼，大概只有天子才能做到吧！祭祀用的三牲鱼腊，是收集了四海九州内的美味；笾豆中盛放的各种供品，也是包罗了四季和气的产物。四方国君的贡金显示着天子和国君们的和睦融洽；贡诸侯入庙，捧着制币，外加玉璧，献于祭堂之上，表示其崇敬恩德；在堂下则陈列着各地进贡的物品，贡品排列的次序以龟在最前面，因为龟可以预知吉凶；金属放在第二位，因为金可以用来照见物情。再次是丹砂、油漆、蚕丝、棉絮、竹箭，表示天子与民众共有这些财物。其余贡品则没有固定的品种，都是各国就其所有而贡献的特产，显示着天子能够招致远方之物。到了祭祀完毕，又奏起《肆夏》的乐章以送别各地的诸侯，则是增加其礼节。

天子亲自祭祀上帝于南郊，这是极度虔敬的事；在宗庙里祭祀先人，体现着极端的仁爱；举行丧礼，体现着极端的衷心；随葬物品的完备，表现了对死者极大的孝敬；宾客交际总送币帛，体现了极高的道义。所以。君子要观察什么叫做仁义，就必须以礼作为根本。

【原文】

君子曰："甘①受和，白受采，忠信之人，可以学礼，苟无忠信之人，则礼不虚道②。是以得其人之为贵也。"

孔子曰："诵《诗》三百，不足以一献；一献之礼，不足以大飨；大飨之礼，不足以大旅；大旅具矣，不足以飨帝。毋轻议礼！"

子路为季氏宰。季氏祭，逮暗③而祭，日不足，继之以烛。虽有强力之容④，肃敬之心，皆倦怠矣，有司跛倚以临祭，其为不敬大矣。他日祭，子路与，室事⑤交乎户⑥，堂事交乎阶⑦，质明而始行事，晏朝而退。孔子闻之，曰："谁谓由也而不知礼乎！"

【注释】

①甘：无味。

②虚道：凭空而行。

③暗：天没有大亮。

④强力之容：强壮的体力。

⑤室事：指在室内举行祭祀。

⑥交乎户：指室外的人把祭品送到室门，交给室内的人献尸。

⑦交乎阶：指堂下的人把祭品备好，在台阶处交给堂上的人。

【译文】

君子说："甜味可以调和五味，白色可以用来绘上五色；忠信的人，才可以学礼。如果没有忠信的人，那么礼也不能凭空实行。所以说忠信之人难能可贵。"

孔子说："纵使能诵读《诗经》三百篇，但却未必能承担一献之礼；能行一献之礼，却未必能行承担大飨之礼；懂得了大飨之礼，却未必能行祭祀五帝的大旅礼；懂得了大旅之礼，也未必能行祭天礼。所以切不可轻率地议论礼。"

子路是鲁国大夫季孙氏家里的总管。以前季氏举行宗庙祭祀，都是天未亮就开始了，行了一整日没有祭完，夜里还要点烛继续。即使是身强力壮，有虔诚恭敬之心的人，也都疲惫不堪了。以至于执事人员靠着柱子歪歪倒倒地执掌祭事，那简直是大不敬啊！还有一次，子路参与祭事，在室内举行正祭时，他们叫人把室外应办的祭品都准备好了，至户，交与室内的人端着去献尸；到了举行"傧尸"时也照样由堂下的人在台阶上交与堂上的人，送去招待那做尸的。天亮开始祭祀，到傍晚就结束。孔子听到这件事。说道：谁能说子路不懂得礼呢？

学 记

【原文】

发虑①宪②，求善良，足以谀闻③，不足以动众。就贤体远④，足以动众，未足以化民⑤。君子如欲化民成俗，其必由学乎！

玉不琢不成器，人不学不知道。是故古之王者建国君⑥民，教学为先。《兑命》曰："念终始典于学。"其此之谓乎！

虽有嘉肴⑦，弗食不知其旨⑧也。虽有至道，弗学不知其善也。故学然后知不足，教然后知困。知不足，然后能自反也。知困，然后能自强也。故曰：教学相长也。《兑命》曰："学学半。"其此之谓乎！

【注释】

①虑：思考之意。
②宪：原则。
③谀闻：小有声名。
④就：接近。体：亲近。
⑤化：教化，教育。化民：指转移人心风俗。
⑥君：这里的意思是统治。
⑦肴：指有骨头的肉。
⑧旨：指食物的味道。

【译文】

多思考问题，广求善良，只能达到稍有声誉，还不足以感动群众。如果亲近贤者，体察疏远者，就能够感动大众，但却不足以教化大众，改变民心。君子如果志在教化人民，形成良好的风俗，就必须从教育着手。

玉石不经过琢磨，则不会成为器皿。人不通过学习，就不懂得道理。因此，古代的君王建立国家，治理人民，以兴办教育作为首要任务。《尚书·兑命》中说："要自始至终想着学习。"讲的就是这个意思。

虽然有美味好菜摆在那里，不亲口尝一尝，就不能知道它的味美。

虽然有最好的道理，但不去学习就不知道它好在何处。所以只有通过学习，然后才能了解自己的不足，只有通过教别人，才能知道自己有哪些不懂的地方。知道了自己的不足之处，然后才能自我反省；知道了自己不懂的地方，然后才能勉励自己。所以说教和学是相互促进的。《尚书·兑命》说："教别人，能收到学习一半的效果。"就是这个意思。

【原文】

古之教者，家有塾①，党有庠②，术有序③，国有学④。比年入学，中年考校：一年视离经辨志⑤，三年视敬业乐群，五年视博习亲师，七年视论学取友，谓之小成。九年知类通达，强立而不反，谓之大成。夫然后足以化民易俗，近者说服而远者怀之。此大学之道也。《记》曰："蛾子时术之。"其此之谓乎。

大学始教：皮弁⑥祭菜，示敬道也。《宵雅》肆三，官其始也。入学鼓箧⑦，孙⑧其业也。夏、楚⑨二物，收其威也。未卜禘不视学，游其志也。时观而弗语，存其心也。幼者听而弗问，学不躐等也。此七者，教之大伦也。《记》曰："凡学，官先事，士先志。"其此之谓乎！

【注释】

①家：这里指"闾"，二十五户人共住一巷称为闾。塾：闾中的学校。

②党：五百家为党。庠：党的学校。

③术：同"遂"，一万二千五百家为遂。序：设在遂中的学校。

④国有学：国，都城。学，真正的大学堂。

⑤离经：将经书中的句子逐一断开学习。

⑥皮弁（biàn）：礼服。菜：用作祭品的芹藻之类。

⑦鼓箧：击鼓召集学生，打开书箧取书。

⑧孙同"逊"，恭顺。

⑨夏楚：体罚学生用的木条。

【译文】

古时教学，二十五家则有塾，一党（古时五百家为党）中有"庠"，一遂（一万二千五百家为遂）中有"序"，一国中有"学"（国子学）。

年年都有新生入学，隔一年举行一次考试。入学第一年结束时，考查其断句的能力，辨别经文之主旨所在；第三年考查他是否专心于学业，是否乐于和同学相处；第五年考查他是否广博学习、敬爱师长；第七年考查他对学术的见解。能否选择有益的人做朋友。如果能做到这些，就叫做"小成"。第九年考察他能否知识畅达，触类旁通，遇事有主见，不为外物所左右，这就叫做"大成"。学业大成然后才能教化民众。移风易俗，使附近的人心悦诚服，使远处的人都来归附，这就是大学教育的宗旨。古书《记》上说："蚂蚁时时学习衔泥，然后能成大垤（大的蚁封）。"说的就是这个道理。

大学开学的时候，士子穿着礼服，用藻菜祭祀先圣、先师，表示尊敬道术。学习《小雅》中的《鹿鸣》《四牡》《皇皇者华》三首诗，使学生懂得做官入仕的志向。入学授课时。先击鼓召集学生，然后打开书箱取书，要他们对学业恭顺夏和楚两样东西是用来笞罚不听教的学生的，使他们有所畏惧，整顿威仪。（天子、诸侯）没有通过占卜举行禘祭之前，不视察学校，考查学生，目的是让学生按自己志向努力学习。教师要经常观察学生的学习，但到必要时才加以指导，是要使学生主动、自觉地思考。年幼的学生只听老师的讲解而不随便提问题，这是因为学习应当循序渐进而不能越级。以上七项就是教学的大原则。古书《记》上说："凡是教学，如果学做官要先教他与职务有关的事情，树立学习的志向。"这话说的就是这个道理。

【原文】

大学之教也，时教必有正业，退息必有居学。不学操缦[①]，不能安弦[②]；不学博依，不能安诗；不学杂服，不能安礼；不兴[③]其艺[④]，不能乐学。故君子之于学也，藏焉，修焉，息焉，游焉。夫然，故安其学而亲其师，乐其友而信其道，是以虽离师辅[⑤]而不反。《兑命》曰："敬孙务时敏[⑥]，厥修乃来。"其此之谓乎。

今之教者，呻[⑦]其占毕[⑧]，多其讯[⑨]，言及于数，进而不顾其安，使人不由其诚，教人不尽其材，其施之也悖，其求之也佛。夫然，故隐其学而疾其师，苦其难而不知其益也。虽终其业，其去[⑩]之必速。教之不刑，其此之由乎！

①操缦：学习弹奏杂乐。

②安弦：懂得音乐。安，指因熟练而轻松自如之意。

③兴：重视。

④艺：各种各样的本领和技能。

⑤辅：指朋友。

⑥孙：同"逊"，谦虚。务：必须来，到达。

⑦呻：诵读。占，同"苦"，竹简。

⑧毕：竹简。占毕：这里指课本。

⑨讯言：讯言，教诲、教导之意。

⑩去：忘记所学的东西。

【译文】

大学的教学要按照时序进行，所教的都必须有正常的科目，学生课余及休假时，都有课外研究。学习当循序渐进，不练习指法，琴瑟就弹不好；不学习各种比兴的方法，就不能写好诗；不学习各种杂事之礼，行礼就行不好；不重视学习各种技艺，就不能激发对学业的兴趣。所以君子对于学习，要藏之于心，表现于外，甚至休息或游乐时，都念念不忘。如果能这样，就能学懂课业并尊敬师长，乐于同朋友交往并信守正道，即使离开了师长和朋友，也不会违背他们的教诲。《尚书·兑命》中说："敬重所学的道，恭顺地对待学业，时时刻刻不停止努力，那么所修的学业就一定能成功。"讲的就是这个意思。

现在教书的人，只知道念诵书本，又多向学生提问，急于追求快速进步，不管学生能否适应，不是诚心地教育学生，不考虑学生才能的高低而因材施教。他们对学生的教育既违背了规律，学生求学也就不可能顺利。因此，学生便厌恶学习，厌恶老师，只感到学习的困难而不知道学习的益处。虽然勉强读完了书本，但很快便忘得一干二净。教育的不成功，原因就在这里吧！

【原文】

大学之法：禁于未发之谓豫①，当其可之谓时，不陵节而施之谓孙②，相观而善之谓摩。此四者，教之所由兴也。

发然后禁，则捍格而不胜③；时过然后学，则勤苦而难成；杂施而不孙，则坏乱而不修；独学而无友，则孤陋而寡闻；燕朋④逆其师；燕辟⑤废其学。此六者，教之所由废也。

君子既知教之所由兴，又知教之所由废，然后可以为人师也。故君子之教喻⑥也，道而弗牵⑦，强而弗抑⑧，开而弗达⑨。道而弗牵则和，强而弗抑则易，开而弗达则思。和、易以思，可谓善喻矣。

学者有四失，教者必知之。人之学也，或失则多，或失则寡，或失则易，或失则止。此四者，心之莫同也。知其心，然后能救其失也。教也者，长善而救其失者也。

【注释】

①豫：同"预"，防备。

②陵：超过。节：限度。施：教。孙：同"逊"，顺。

③捍（hàn）格：捍，与"汗"同音。捍格，相互抵触。胜，取得良好的教育效果。

④燕朋：和品行不好的朋友在一起。

⑤燕辟：指宠幸的女子、小人。

⑥喻：通过诱导的方式来启发。

⑦道：同"导"，引导。牵；强逼。

⑧强：勉励。抑：压制。

⑨开：启发。达：犹"尽"。

【译文】

大学的教育方法是，问题还没有发生就给以防范，叫做防患于未然；在最适当的时候进行教育，这叫做合乎时宜。不超越学生的接受能力进行教育，叫做循序渐进；使学生相互观摩，学习他人的长处，叫做切磋琢磨。这四点，就是教育成功的原因。

坏习惯已经养成，就产生抵触情绪，而不容易起作用；适宜的学习时期已经过了才开始学习，则即使勤奋刻苦，也难有成就；教育时不按部就班、循序渐进，而是杂乱无章，学习就会搞得杂乱以至无法收拾，不跟同学在一起切磋研讨，便会落得学识浅薄，见闻不广；与不好的朋

友相交往就会违反师长的教诲；与坏朋友谈不正经的事，会使学生荒废学业。这六点，是导致教育失败的原因，

君子只有知道了教育振兴的根由，又知道了教育失败的原因，才可以做别人的老师。所以君子的教育重在启发晓谕；善于引导而不强迫，对学生要多加鼓励，而不是使他沮丧压抑，讲解时在于启发而不是全部讲解。只引导而不强迫，就会使师生关系和谐：多鼓励而不压抑，则学生学习时就会感到比较容易；只启发而不全部讲解，则学生就会善于思考。使学生感到态度温和可亲又能主动思考，这才称得上善于晓谕了。

学生常有四种过失，当教师的一定要知道。这四种过失是：人在学习的时候，有的一味贪多，有的偏爱某一科目而所知太少，有的把学习看得太容易而不肯深入思考，有的遇到困难就停止不进。这四种过失的产生，是人心理不同的缘故。做教师的一定要先了解学生的心理，然后才能加以补救，而使之自觉改正。教育的目的，就在于发展学生的优点，纠正他们的过失。

【原文】

善歌者使人继其声，善教者使人继其志。其言也约而达，微而臧①，罕譬而喻，可谓继志矣。

君子知至学②之难易而知其美恶③，然后能博喻，能博喻然后能为师，能为师然后能为长，能为长然后能为君。故师也者，所以学为君也。是故择师不可不慎也。《记》曰："三王四代唯其师④。"此之谓乎。

凡学之道，严师为难。师严⑤然后道尊，道尊然后民知敬学⑥。是故君之所不臣于其臣⑦者二：当其为尸⑧，则弗臣也；当其为师，则弗臣也。大学之礼，虽诏于天子。无北面，所以尊师也。

【注释】

①臧；善。
②至学：求学。
③美恶；先天禀赋的高低优劣。
④三王：指夏禹、商汤、周文王和周武王。四代：指虞、夏、商、周四个朝代。
⑤严：尊重之意。

⑥敬学：尊重知识之意。

⑦不臣于其臣：不用对待臣下的礼节来对待其臣。

⑧尸：祭主。

【译文】

善于唱歌的人，能使人沉醉在歌声中而神游于美妙的境界。善于教学的人，能够启发人心，使学生继承他的治学志向。这样的人，言辞简约而通达。含蓄而精妙，少用比喻也容易使人明白，可说是善于使人继承其志向了。

君子知道求学的深浅次第，又知道学生资质的高低，然后才能够因材施教。能做到这一点，才能当老师。能当老师，然后才能做官吏。能当官吏，然后才能做国君。因此学做老师，就是学做国君。因此选择老师不可以不谨慎。古书《记》上说："虞、夏、商、周四代三王，对老师的选择都很慎重，认为师道立则天下治。"大概说的就是这个道理吧。

凡从师学习的原则最难做到的是尊敬教师。教师受到尊敬，那么他所传的道术才能受到尊重；道术受到尊重，然后人们才懂得尊重知识，严肃地对待学习。所以国君不以对待臣下的礼节来对待下属的情形有两种：一种是在祭祀中臣子担任祭主时，不应以臣下之礼来待他；另一种是臣子是君主的老师时，不应以臣下之礼来待他。大学规定的礼法，天子入大学听课，讲授的臣下无需北面居臣位，这就是为了表示尊敬老师。

【原文】

善学者师逸而功倍①，又从而庸②之；不善学者，师勤而功半，又从而怨之。善问者如攻坚木③，先其易者，后其节目④，及其久也，相说⑤以解；不善问者反此。善待问者如撞钟，叩之以小者则小鸣，叩之以大者则大鸣，待其从容，然后尽其声；不善答问者反此。此皆进学之道也。

记问之学，不足以为人师。必也其听语⑥乎！力不能问，然后语之。语之而不知，虽舍之可也。

良冶⑦之子，必学为裘；良弓⑧之子，必学为箕⑨；始驾⑩马者反之，车在马前。君子察于此三者，可以有志于学矣。

【注释】

①逸：安闲，这里指费力小。功：效果。

②庸：功劳。

③攻：治，指加工处理木材。

④节目：指的是难处理的地方。节，本指树的枝干相连的地方。目，纹理混乱之处。

⑤说：与"悦"同，轻松的意思。

⑥听语：听取学生的问题并解答。

⑦冶：冶铸金属的工匠。

⑧弓：这里指造弓的匠人。

⑨为箕，制作簸箕。

⑩始驾：开始训练小马驾车。

【译文】

善于学习的学生，老师很轻松而教学效果反而加倍，学生得力于老师的启发，都归功于老师。不善于学习的学生，老师虽严加督促，效果却只得一半，学生都埋怨老师教导无方。善于提问的人，就像加工处理坚硬的木材。先从容易处理的地方下手，然后处理节疤和纹理不顺的地方，时间长了，问题就解决了。不善于提问的人与此相反。善于回答问题的老师，就像撞钟一样，轻轻敲击则钟声较小，重重敲击则钟声大响。打钟的人一定要从容不迫有间隙，然后钟声才会余音悠扬（问题也就迎刃而解了）。不善于回答问题的老师则与此相反。这些都是增进学问的方法。

学问没根底，缺乏独到见解，这种人不够资格当教师。当教师的人，一定要善于听取学生的提问，并能够予以解答学生心里有疑难，向老师提问，老师才加以指点。如果老师指点了还是不懂，那就暂时先放一放，等以后再讲。

好铁匠的儿子，必定能补缀皮衣。好弓匠的儿子，一定会把柳条弯曲编成箕畚。刚开始学驾车的小马，一定要先把它系在车的后面，使车在它前面。君子懂得了这三件事中的道理，就可以立定求学的志向了。

【原文】

古之学者，比物丑类①。鼓无当于五声②，五声弗得不和；水无当于五色③，五色弗得不章；学无当于五官④，五官弗得不治；师无当于五服⑤，五服弗得不亲。

君子："大德不官，大道不器，大信⑥不约，大时⑦不齐。察于此四者，可以有志于学矣。"

三王之祭川也，皆先河而后海，或源也，或委⑧也，此之谓务本⑨。

【注释】

①丑：比。比物丑类：比较同类事物，以做到触类旁通。

②当：比得上。五声：指古代音乐中的宫、商、角、徵、羽五大音阶。

③五色：青、黄、赤、白、黑五种颜色。

④五官：指司徒、司马、司空、司士、司寇，此处泛指政府各部门之官职。

⑤五服：斩衰、齐衰、大功、小功、缌麻五种丧服，它们分别用以表示血缘关系的亲疏远近。

⑥大信：永恒的天地。

⑦大时：天时。

⑧委：众水汇集之处。

⑨本：根本之意。

【译文】

古代的学者能够比较事物的异同，从而触类旁通。比如，鼓的声音并不相当于五声中的任何一种音。但是当乐器演奏时，没有鼓则五声就没有和谐的节奏。水的颜色并不相当于五色中的任何一种，但是当绘画的时候。没有水则五色就不鲜明。有学问并不等于官署的任何一种官职，可是做官的如果没有学问就做不好工作。教师并不相当于五服中的哪一种亲属，但是五服之亲如果没有老师的教诲，也就不懂得人伦关系了。

君子说："具有伟大德行的人，并不专门担任某一种官职；最伟大的道理并不局限于某一种事物；最大的诚信不需要订立盟约；恒久的天地，也不是全属暑天或全是冬季。能懂得这四种道理就能有信心专注于务本了。"

夏商周三代君王祭祀河流，都是先祭河后祭海，因为河是海的源头，海是河的会聚，这就叫务本。

哀公问

【原文】

哀公问于孔子曰："大礼^①何如？君子之言礼，何其尊也！"孔子曰："丘也小人，不足以知礼。"君曰："否。吾子言之也。"孔子曰："丘闻之，民之所由生，礼为大。非礼无以节事天地之神也，非礼无以辨君臣、上下、长幼之位也，非礼无以别男女、父子、兄弟之亲，昏姻、疏数^②之交也。君子以此之为尊敬然，然后以其所能教百姓，不废其会节^③。有成事^④，然后治其雕镂、文章、黼黻以嗣。其顺之，然后言其丧筭，备其鼎、俎，设其豕、腊，修其宗庙，岁时以敬祭祀，以序宗族，即安其居，节丑^⑤其衣服，卑其宫室，车不雕几，器不刻镂，食不贰味，以与民同利。昔之君子之行礼者如此。"公曰："今之君子，胡莫行之也？"孔子曰："今之君子，好实无厌，淫德不倦，荒怠傲慢，固民是尽^⑥，午^⑦其众以伐有道，求得当欲，不以其所。昔之用民者由前，今之用民者由后。今之君子莫为礼也。"

【注释】

①大礼：礼的用处特别多，包含的礼数特别繁杂，称之为"大礼"。
②疏数：亲疏。
③会节：行礼的日期。
④有成事：指教化有了成效。
⑤丑：正，整理的意思。
⑥固：固执。尽：指耗尽财力。
⑦午：通"忤"，违逆。

【译文】

鲁哀公向孔子请教，说："大礼的内涵是怎样的？为什么有知识的人都把礼说得那样重要呢？"孔子说："我孔丘只是个小人物，还不够资格了解礼。"鲁哀公说："不！先生您尽管说吧！"孔子于是说道："我孔丘听说人赖以生存的，礼是最重要的。没有礼，就无以指导祭祀天地间的神灵；没有礼，就不能辨明君臣、上下、长幼的身份地位；没有礼，就不能区别男女、父子、兄弟之间的不同感情。以及婚姻、亲疏等人际交往关系。因此，君子对礼特别尊敬、重视。然后君子就尽自己的能力来教化百姓，使他们不失时节地进行各种礼的活动。教导有了成效之后，然后置办雕刻的礼器，绘制各种色彩花纹的礼服，来区别尊卑上下的等级。百姓顺从之后，然后言明服丧的期限，准备好祭祀用的器具和供品，修建宗庙，按年按季地来举行孝敬的祭祀，并借以排列宗族里长幼亲疏的秩序。于是君子自己也安心地随民众一道居住，有节制地穿起俭朴的衣服，住房不求高大，日常所乘的车子上不雕饰花边，祭器上不刻镂图纹，饮食也很简单。以这种方式来和民众同甘共苦。从前的君子就是这样实行礼教。"鲁哀公接着又问道："现在的君子，为什么没有这样行礼呢？"孔子说："现在做君长的人，只图眼前的物质享受，而且贪欲无度，没有满足的时候，过分贪求，又从不肯收敛罢手。心荒体懒而又态度傲慢，顽固地要搜刮尽民脂民膏，而且违反大众的意志去侵犯好人，为了满足个人的欲望，肆无忌惮，不择手段。从前君主是依照前面所说的行礼，而如今的君主却是照刚才所说的这一套做的，没有肯认真行礼的了。"

【原文】

孔子侍坐于哀公。哀公曰："敢问人道谁为大？"孔子愀然①作色而对曰："君之及此言也，百姓之德也。固臣敢无辞而对：人道政为大。"公曰："敢问何谓为政？"孔子对曰："政者，正也。君为正，则百姓从政矣。君之所为，百姓之所从也。君所不为，百姓何从？"公曰："敢问为政如之何？"孔子对曰："夫妇别，父子亲，君臣严，三者正，则庶物从之矣。"公曰："寡人虽无似也，愿闻所以行三言之道，可得闻乎？"孔子对曰："古之为政，爱人为大。所以治爱人，礼为大。所以治礼，敬为大。敬之至矣，大昏②为大，大昏至矣。大昏既至，冕而亲迎③，亲之也。亲之也者，亲之也。是故君子兴敬为亲，舍敬，是遗亲也。弗爱不亲，弗敬不正。爱与敬，其政之本与？"公曰："寡人愿有言然。冕而亲迎，不已重乎？"孔子愀然作色而对曰："合二姓之好，以继先圣之后，以为天地、宗庙、社稷之主，君何谓已重乎？"公曰："寡人固④。不固，焉得闻此言也？寡人欲问，不得其辞。请少进⑤！"孔子曰："天地不合，万物不生。大昏，万世之嗣也，君何谓已重焉？"孔子遂言曰：
"内以治宗庙之礼，足以配天地之神明；出以治直言⑥之礼，足以立上下
之敬。物耻⑦足以振之，国耻足以兴之。为政先礼，礼其政之本与？"

孔子遂言曰："昔三代明王之政，必敬其妻子也，有道⑧。妻也者，
亲之主也，敢不敬与？子也者，亲之后也，敢不敬与？君子无不敬也，
敬身为大。身也者，亲之枝也，敢不敬与？不能敬其身，是伤其亲；伤
其亲，是伤其本；伤其本，枝从而亡。三者，百姓之象也。身以及身，
子以及子，妃以及妃；君行此三者，则忾⑨乎天下矣，大王之道也。如
此，则国家顺矣。"

【注释】

①愀然：担忧、悚动的样子。
②大昏：国君的婚礼。
③冕而亲迎：身穿冕服亲自迎接。
④固：固陋。
⑤进："少"字与"稍"字相通假。进，继续，往下说的意思。
⑥直言：犹"正言"，指发布政令。
⑦物耻：犹言"事耻"，指在下臣子做事有失职。
⑧有道：是很有道理的。
⑨忾：通"迄"，遍及。

【译文】

孔子在鲁哀公身旁陪坐。鲁哀公说："请问做人的道理，最重要的
是什么？"孔子露出严肃庄重的面容说："您能问到这个问题，真是老
百姓的福气啊！臣岂敢不认真回答呢？要说做人的道理，当然要以政
务最为重要。"鲁哀公问："请问什么是行政呢？"孔子回答说："所谓
'政'，就是'正'的意思。君主如果能做到正，百姓就跟着做正了。国
君的所作所为，就是百姓所效法的榜样；国君不做的事，百姓怎能随从
效法呢？"哀公说："那么政务究竟应该怎么办呢？"孔子说："夫妻之
间有分际，父子之间有恩情，君臣之间相敬重，这三者都做得端正，那
么其他一切事情也就上正道了，"哀公说："像我这样，尽管不是个贤明
的人，但是很愿意听你说一说怎样实现那三句话，可以说给我听听吗？"

孔子说："古人行政，首要的是做到爱人；要做到爱人，礼是最重要的；要实行礼。首先要恭敬；而恭敬的表现，则在于国君的大婚之礼。国君的大婚之礼是最重要的。大婚的婚期到来时，君主要头戴冠冕，身穿礼服亲自去迎娶，这是要表示对于对方的亲爱。向对方表示亲爱，也是希望得到对方的亲爱。所以君子以恭敬的态度迎亲，如果舍弃恭敬的态度，那就丢掉亲爱的诚意。没有爱。关系就不亲密；不恭敬，行为就不端正。所以仁爱和恭敬，大概就是行政的根本吧！"哀公说："寡人想问一句，像您说的这样，王侯娶亲，也应穿戴大礼服去迎娶一个女人，是不是过于隆重了？"孔子严肃地回答："两性结为婚姻，为前代圣主传宗接代，成为天地宗庙社稷的主人，您怎么能说过于隆重了呢？"哀公说："我真顽固，若是不顽固，怎么能听到这样的话呢。我想再问，但一时又找不到适当的词语，那就请您接着说吧！"孔子说："天地之气不配合，万物就不能生长。国君大婚，就是为千秋万世生育后代呀，您怎么能说这样过于隆重了呢？"孔子于是接着说道："国君和夫人，在内，治理宗庙祭祀，功德可以和天地神明相配；在外，主持发布朝政命令，彼此能够做上下相敬的楷模。这样内外都有了礼，臣子有失职的事，就可以用礼进行纠正；国君有失误，也可以用礼来复兴。所以说国君行政要以行礼为先，行礼是政的基础。"

孔子接着又说道："从前，夏商周三代的贤明君主，他们执政治国，同时必定敬重他们的妻子，这是很有道理的。所谓'妻'，与自己在一起，同是祭祀祖先的主人，怎敢不敬重她呢？所谓'子'，是父母的后代，怎敢不尊敬他呢？所以君子处理一切事务都应该尊敬。敬，尤其以尊敬自身为最重要。因为自己的身体是父母的分枝，怎敢不自敬自重呢！不能尊敬自己，也就是伤害了父母。伤害父母，就是伤害了自身的根本。伤害了根本，那分枝也就从而枯死了。国君自身和妻、子这三者组成的家庭，也是百姓家庭的基本模式。国君由自己之身推想到百姓之身，由自己之子推想到百姓之子，由自己的配偶推想到百姓的配偶：君子如能施行这三种教化，影响所及，普天下都必行此三种教化，这是先王们所实行的道理。如果能这样做，国家就臻于安乐了。"

【原文】

公曰："敢问何谓敬身？"孔子对曰："君子过言则民作辞，过动则民作则①。君子言不过辞，动不过则，百姓不命而敬恭。如是则能敬其身。能敬其身②。则能成其亲③矣。”

公曰："敢问何谓成亲？"孔子对曰："君子也者，人之成名也。百姓归之名，谓之君子之子，是使其亲为君子也，是为成其亲之名也已。"

孔子遂言曰："古之为政，爱人为大。不能爱人，不能有其身；不能有其身，不能安土④；不能安土，不能乐天⑤；不能乐天，不能成其身。"公曰："敢问何谓成身？"孔子对曰："不过乎物。"

公曰："敢问君子何贵乎天道也？"孔子对曰："贵其不已。如日月东西相从而不已⑥也，是天道也。不闭其久，是天道也。无为而物成，是天道也。已成而明，是天道也。"

公曰："寡人惷愚冥烦⑦，子志之心也。"孔子蹴然⑧辟席而对曰："仁人不过乎物，孝子不过乎物，是故仁人之事亲也如事天，事天如事亲。是故孝子成身。"

公曰："寡人既闻此言也，无如后罪何！"孔子对曰："君之及此言也，是臣之福也。"

【注释】

①过言、过动：指言语、行动有过失。作辞：称道其言辞。作则：作为法则。

②敬其身：敬重自己。

③成其亲：意思是说给父母争得了荣誉，成就了父母的美名。

④不能安土：为避免受到迫害而流徙搬移，不能安于固定的居所。

⑤乐天：顺其自然，自以为乐。

⑥不已：不停止。

⑦冥烦：昏聩，不能明白道理。

⑧蹴然：肃敬的样子。

【译文】

哀公说："请问什么叫做尊敬自身呢？"孔子答道："君子说错了话，百姓会跟着说错话；君子做错了事，百姓会跟着仿效。所以，君子说话不能有过错，做事不能没有原则，那么民众不用国君命令，就会恭敬服从了。这样就能尊敬自身。能尊敬自身，实际上也就能成就自己父母的名声了。"

　　哀公接着又问："什么称为成就父母的名誉呢？"孔子答道："君子这个美称，是人们所加的。百姓敬仰而归向于他，加给他的名称叫做'君子之子'，那么他的父母成为'君子'了，这就是成就了父母的名誉。"

　　孔子又接着说道："古代负责行政的，莫不把爱他人放在首位。如果不能爱人，别人也就不会爱他，他就不能保住自身；不能保住自身，也就不能安居在土地上；不能守住国土，就要埋怨老天的不公；埋怨老天的不公，就不能成就自身。"哀公说："请问什么叫成就自身呢？"孔子答道："自己的一切作为，都不逾越事体的分界，这就叫做成就自身。不逾越事体的分界，这也是自然的法则。"

　　哀公又说："请问君子为什么要尊崇自然的法则呢？"孔子答道："这是崇拜它的运动没有止境。譬如太阳和月亮从东到西运行不息，这是自然法则。既不闭塞，又能天长地久，这就是自然法则。看起来不做什么，而成就万物也是自然法则。已成就的万物都清楚而分明，这同样是自然法则。"

　　哀公说："我实在很愚昧，幸好麻烦你给我灌输了许多知识。"孔子恭敬不安地离开坐席，严肃地回答道："仁人做事没有越过事理的。孝子做事也没有越过事理的。所以仁人孝敬父母就像孝敬天一样，孝敬天就像孝敬父母一样，所以孝子能够成就自身。"

　　哀公说："我已经听取了您的这番高论。获益很大，只怕将来还有过失，该怎样办呢？"孔子答道："您能担心将来的过失，这是我们做臣下的福气了。"

仲尼燕居

四书五经

【原文】

仲尼燕居，子张、子贡、言游侍①，纵言至于礼。子曰："居②！女三人者。吾语女礼，使女以礼周流③，无不遍也。"子贡越席而对曰："敢问何如？"子曰："敬而不中礼谓之野，恭而不中礼谓之给④，勇而不中礼谓之逆。"子曰："给夺⑤慈仁。"

子曰："师！尔过，而商也不及。子产犹众人之母也，能食之，不能教也。"子贡越席而对曰："敢问将何以为此中者也？"子曰："礼乎礼。夫礼，所以制中⑥也。"子贡退。

【注释】

①侍：陪伴在一旁。
②居：坐下。
③周流：周旋流动、到处运用。
④给：伪巧。
⑤夺：混淆。
⑥中：适中，适当。

【译文】

孔子在家休息，弟子子张、子贡、子游三人陪侍着老师，闲谈中谈到了礼。孔子说："你们三人坐好，听我告诉你们礼是怎么回事，以期待你们把礼普遍传播到各处。"子贡马上站起来，离开坐席答道："请问礼该怎样做呢？"孔子说："表示诚敬而不合乎礼，那就显得粗鄙，一味恭顺而不合乎礼，那就近于谄媚；好逞勇敢而不合乎礼，那就只是粗暴。"孔子又说："谄媚往往会掩盖慈仁的本意。"

孔子说："子张做的有点过头，而子夏则往往做得不够。子游很像郑国大夫子产，虽有一片慈母心肠，但却只会喂食而不会教育孩子。"子贡又站起来离开坐席，问道："请问怎样才能做到恰到好处的'中'呢？"孔子说："就是不要忘记那个'礼'啊！只有礼才能使人的言行适中。"然后子贡退过一旁。

【原文】

言游进曰："敢问礼也者，领恶①而全好者与？"子曰："然。""然则何如？"子曰："郊、社之义，所以仁鬼神也。尝、禘之礼，所以仁昭穆②也。馈奠③之礼，所以仁死丧也。射、乡之礼，所以仁乡党也。食、飨之礼，所以仁宾客也。"子曰："明乎郊、社之义，尝、禘之礼，治国其如指诸掌而已乎！是故以之居处有礼，故长幼辨也。以之闺门之内有礼，故三族和也，以之朝廷有礼，故官爵序也。以之田猎有礼④，故戎事闲⑤也。以之军旅有礼，故武功成也。是故宫室得其度，量鼎得其象⑥，味得其时，乐得其节，车得其式，鬼神得其飨，丧纪得其哀，辨说得其党⑦，官得其体，政事得其施，加于身而错于前，凡众之动得其宜。"

【注释】

①领恶：领，治、去。就是去除邪恶的意思。
②昭穆：指不同辈分的祖先。
③馈奠：以食品奠祭初死的人。
④田猎有礼：古代的田猎并不是为了获取猎物，而是主要通过田猎来进行军事训练，熟悉军礼。
⑤闲：通"娴"，娴熟。
⑥得其象：指符合礼所规定的标准式样。
⑦党：类。辨说得其党：指说话符合其身份、场合。

【译文】

子游上前问道："请问所谓礼，是不是就是指导人们抛弃坏的而保全良好的美德？"孔子说："是这样的。"子游说："那么礼如何指导人们治理邪恶，保全美德呢？"孔子说："敬天祭地的意义，就是对鬼神表示仁爱；秋尝夏禘的宗庙祭礼，就是对祖先表示仁爱；馈赠祭奠之礼，就是对死者表示仁爱；乡射、乡饮酒之礼，就是对乡邻里民众表示仁爱；食飨之礼，就是对宾客表示仁爱。"孔子说："如果能明白敬天祭地的意义，懂得秋尝夏禘的宗庙祭礼，那么，对于治理国家的事就可以了如指掌了。所以由于居处有居处之礼，长辈晚辈便分得清楚了；因此家族有家族之礼，亲堂兄弟便相处和睦；朝廷有朝廷之礼，官职和爵位便有了秩序；狩猎有狩猎之礼，军事行动便臻于娴熟；军队有军队之礼，战功便随时取得。因为有了礼，建筑房子得以有了尺度，量具和祭器得以有了标准式样，五味调和也得以与四时相配，音乐得以有了节制，车辆得以符合规律，鬼神各自得到了享祀，丧事能够表达适当的悲哀，辩论谈话得以有伦有类，百官得以各守其职，政事得以顺利施行。将礼运用于自身的行动和眼前的一切事情，便能使一切都能做得恰如其分了。"

【原文】

子曰："礼者何也？即事之治也。君子有其事必有其治。治国而无礼，譬犹瞽之无相①与，伥伥乎其何之②？譬如终夜有求于幽室之中，非烛何见？若无礼，则手足无所错③，耳目无所加，进退、揖让无所制。是故以之居处，长幼失其别，闺门、三族失其和，朝廷、官爵失其序，田猎、戎事失其策，军旅、武功失其制，宫室失其度，量、鼎失其象，味失其时，乐失其节，车失其式，鬼神失其飨，丧纪失其哀，辨说失其党，官失其体，政事失其施，加于身而错于前，凡众之动失其宜。如此，则无以祖洽于众也。"

【注释】

①相：扶助盲人的人。

②伥伥乎其何之：迷茫而不知道该向何处去。伥伥：茫然失去方向的样子。

③手足无所错：手足无措，不知道该怎么办。"错"字与"措"字相通假。

【译文】

孔子说："礼是什么呢？简单地说：礼就是做事的准则。君子有君子的事，一定有其治事的礼。如果管理国家而没有礼，就好比盲人失去扶导的人，茫然不知往哪儿走。又好比黑夜中在暗室里摸索，没有蜡烛能看见什么呢？如果没有礼，那么手脚都不知该往哪儿放，耳目也不知道该怎么使用，进退揖让就没有规矩。这样一来，日常起居就没大没小，长幼不分，家庭内部就会三代不和睦，朝廷上官爵就丧失了秩序。田猎中就会失去指挥，军队打仗就将失去控制，宫室建造就没有尺度，量具和祭器就丧失式样，五味也不能与四时调和，奏乐也失去了节制，车辆也不合规格，鬼神就失去了供品，丧事就不能表达悲哀，谈话不伦不类，百官失去了官职，政事失去了顺利实施，自身的举动和眼前的一切事情，都不能恰如其分。真是这样的话，就没有办法先做表章而引导天下民众了。"

【原文】

子曰："慎听之！女三人者。吾语女：礼犹有九焉，大飨有四焉。苟知此矣，虽在畎亩之中，事之，圣人已。两君相见，揖让而入门，入门而县兴^①，揖让而升堂，升堂而乐阕^②，下管《象》、《武》、《夏》、《龠》序兴，陈其荐俎，序其礼乐，备其百官，如此而后，君子知仁焉。行中规^③，还中矩，和鸾中《采齐》，客出以《雍》，彻以《振羽》，是故君子无物而不在礼矣。入门而金作，示情也。升歌《清庙》，示德也。下而管《象》，示事也。是故古之君子，不必亲相与言^④也，以礼乐相示而已。"

子曰："礼也者，理也。乐也者，节也。君子无理不动^⑤，无节不作。不能《诗》，于礼缪。不能乐，于礼素^⑥。薄于德，于礼虚。"子曰："制度在礼，文为^⑦在礼，行之其在人乎！"

子贡越席而对曰："敢问夔其穷与^⑧？"子曰："古之人与！古之人也。达于礼而不达于乐谓之素；达于乐而不达于礼，谓之偏。夫夔达于乐而不达于礼，是以传于此名也，古之人也。"

【注释】

①县兴：悬挂的乐器，一起演奏。

②乐阕：停止演奏。

③中规：行圆如规。

④亲相与言：亲自开口交谈。

⑤动：行动。

⑥素：质朴，没有文采。

⑦文为：符合礼仪的行为。

⑧夔（kuí）：传说夔是尧的乐正，精通音乐。穷，不通。意谓夔只精通于音乐，不通于礼。

【译文】

孔子说："你们三人仔细听着。我告诉你们礼是怎么回事：礼有九项之多，其中的大飨之礼，就可再分为四项，如果有人能全部知道，即使是个耕种于田野的农民，也够称为圣人了。当两位国君相见时，相互作揖谦让，然后进入庙门。进入庙门时，乐师用所悬的乐器奏起音乐，两人又相互作揖谦让，分别登上大堂。登上大堂，各就各位时，钟鼓之声也刚好停下了。这时大堂下又有管乐奏起《象》的乐曲，大《武》和《夏》、《龠》的舞曲一个接一个进行。摆设鼎俎供品，按照顺序安排礼乐，百官执事一应俱全。这样做了以后，来访国君就感到了主国国君的盛情厚意。行动周旋，且合乎规矩，连车上的铃也合着《采齐》乐曲的节拍。客人出去时，奏起《雍》曲以送别，撤去席上的供品时则奏起《振羽》的乐章。所以君子的一举一动，没有一点不是遵循礼法的。进门时钟鼓齐鸣，是表示主人欢迎的情意。登堂时演唱歌颂文王的《清庙》之诗，是表示国君崇敬文王的崇高美德。堂下吹起《象》的乐曲，是表示国君崇敬文王、武王的功业。因此古代做长官的人们，他们相见的时候，不必说什么客气话，彼此间的情意但凭礼仪和音乐，就可相互融通了。"

孔子说："所谓'礼'的意义说到底就是'理'，'乐'的意义说到底就是就是节制。君子对于没有道理的事就不能行动，不加节制的事也不做。如果不懂得赋诗言志，行礼就难免会出现差错。如果不能用音乐来配合，那么礼就显得质朴枯燥了。如果道德浅薄。那么礼就只是空洞的形式了。"孔子又说："一切制度都在礼的范畴之中，仪式的行为方式也都在礼的范畴之中。那范畴是抽象，要变为具体的行动，还得要靠人啊。"

子贡离开坐席发言，说："传说夔只懂得声乐，难道他对于礼也有所不通吗？"孔子说："你问的夔不是指古代的人吗？如果是古代的人，依理来说，通晓礼而不通晓音乐，叫做质朴；通晓音乐而不通晓礼。就叫做偏颇。舜时的乐官夔，他是通于乐而不通于礼，偏于一面。所以只流传下来一个精通音乐的名声。名虽传说，而古代确有其人。"

【原文】

子张问政。子曰："师乎，前！吾语女乎！君子明于礼乐，举而错之^①而已。"子张复问。子曰："师！尔以为必铺几、筵，升降，酌、献、酬、酢，然后谓之礼乎？尔以为必行缀兆，兴羽龠^②，作钟鼓，然后谓之乐乎？言而履之，礼也。行而乐之，乐也。君子力此二者，以南面而立。夫是以天下太平也，诸侯朝，万物服体，而百官莫敢不承事矣。礼之所兴，众之所治也。礼之所废，众之所乱也。目巧之室^③，则有奥^④、阼，席则有上下，车则有左右。行则有随，立则有序，古之义也。室而无奥、阼^⑤，则乱于堂、室也。席而无上下，则乱于席上也。车而无左右，则乱于车也。行而无随，则乱于涂也。立而无序，则乱于位也。昔圣帝、明王、诸侯，辨贵贱、长幼、远近、男女、外内，莫敢相逾越，皆由此涂出也。"三子者既得闻此言也于夫子，昭然若发矇矣。

【注释】

①举而错之：把它运用到实际中。错，与"措"相通。

②羽、龠：跳舞的道具。

③目巧之室：指不用尺度，只凭眼力测量建成的房子。

④奥：室中的西南角，是尊贵的位置。

⑤室而无奥、阼：宫室而没有室奥和阼阶。奥，室中的西南角，是一室中最尊贵的地方。阼，是主人所站立的地方。

【译文】

子张问到怎样行政。孔子说："子张，这之前，我不是曾经告诉过你吗！君子通晓礼乐，把礼乐交互施行到治理政事上就可以了。"子张不理解，又问了一遍。孔子说："子张，你以为必须摆下案几，铺下筵席，上下走动，献酒进馔，举杯酬酢，那才叫做礼吗？你以为一定要排下队列，挥舞羽龠，鸣钟敲鼓，这才叫做乐吗？其实，说到就能做到，这就是礼；实现了并能使人感到愉快，这就是乐。君子力求做到这两点并用以统治天下，就能使天下太平。诸侯都来朝拜，万事都很得体，百官没有人敢不奉公从事的。礼乐兴盛，天下太平；礼乐败坏，天下大乱。一座只凭眼力测量建造的房屋，也都有堂奥和台阶之分，坐席分上下，车轮分左右，走路则要前后相随，站立也要讲求次序。这是自古就有的道理。如果房屋不分堂奥和台阶。那么尊卑长幼的位置在室中就乱了；坐席不分上下，尊卑长幼的位置在席上就乱了；乘车不分左右，尊卑长幼的位置在车上就乱了；走路不分前后，尊卑长幼的位置在路上就乱了；站立不分次序，那么尊卑长幼的位置在站立时就乱了。从前圣明的帝王和诸侯，都要分辨贵贱、长幼、亲疏远近、性别男女、家中内外，没有人敢超越，就是从礼乐这个道理演变出来的。"三位弟子从孔夫子这里听到这番道理，心中豁然开朗，好像瞎子重见光明了一样。

问 丧

【原文】

亲始死，鸡斯，徒跣，扱^①上衽，交手哭^②。恻怛之心，痛疾之意，伤肾、干肝、焦肺，水浆不入口，三日不举火，故邻里为之糜粥以饮食之。夫悲哀在中，故形变于外也。痛疾在心，故口不甘味，身不安美也。

三日而敛，在床曰尸，在棺曰柩，动尸^③举柩，哭踊无数。恻怛之心，痛疾之意，悲哀志懑气盛，故袒而踊之，所以动体、安心、下气也。妇人不宜袒，故发^④胸、击心、爵踊，殷殷田田^⑤，如坏墙^⑥然，悲哀痛疾之至也。故曰："辟^⑦踊哭泣，哀以送之。送形而往，迎精而反"也。

其往送也，望望然^⑧，汲汲然^⑨，如有追而弗及也。其反哭也，皇皇然，若有求而弗得也。故其往送也如慕，其反也如疑。

求而无所得之也，入门而弗见也，上堂又弗见也，入室又弗见也，亡矣丧矣，不可复见已矣！故哭泣辟踊，尽哀而止矣。心怅焉怆焉，惚焉忾焉，心绝志悲而已矣。祭之宗庙，以鬼飨之，徼幸复反也。

【注释】

①扱：插。
②交手哭：双手交替捶着胸口哭。
③动尸：小敛、大敛及殡的时候都要迁动尸体。
④发：敞开。
⑤殷殷田田：象声词。
⑥坏墙：添土筑墙。
⑦辟：通"擗"，拊心。
⑧望望然：瞻望的样子。
⑨汲汲然：急促的样子。

【译文】

父母亲刚刚断气，孝子要脱下吉冠，露出发笄和包头发的网巾，光着脚，把深衣前襟的下摆塞在腰带上，双手交替捶着胸口痛哭，那种悲伤万分的心情，真是五内如焚，一口水也喝不下，一口饭也吃不进。三日来家中不生火做饭，所以邻居就煮点稀粥给他吃。悲哀在心中。所以脸部及形体都变得憔悴不堪；伤痛在心中，所以嘴里吃饭也觉得没滋味，也不讲究穿什么为好。

士死后三天举行大殓。死人放在床上叫尸，装进棺材后就叫柩。每一次迁动尸体，每一次抬起灵柩，孝子都要尽情地痛苦踩脚。悲惨的心情，伤痛的意念，使得心中烦闷，火气太盛，所以就袒露肢体，踩脚踊跳，这是用来活动肢体，安定心情，清除郁积之气。妇女不适合袒露左臂，所以就敞开衣领，捶打心胸，双脚踩地，乒乒乓乓，就像筑墙一般，这都是悲哀万分、痛不欲生的表现啊！因此说："捶胸踩脚，痛哭流涕，用悲伤的心情送别死者。"把死者的形骸送到墓地埋葬，把死者的灵魂迎接回来加以安顿。

孝子在往墓地送葬的时候，眼睛瞻望着前方，显出焦急的神情，就像是在追赶死去的亲人而又追赶不上的样子。葬后归来的路上，要一路哭泣。并显出惶恐不安的表情，就像寻找亲人而又找不到的样子。所以孝子在前往送葬的路上，就像幼儿思慕父母而哭泣不止；在葬毕返回的路上，又像是担心亲人的神灵不能跟着一道回来而迟疑不前。

满腹心事而未曾了结，回到家里，推门一看，却怎么也看不见亲人的影子；上堂再看，还是看不见亲人的影子；进到亲人的住室再看，还是见不到亲人的影子。这样看来，亲人是真正死了。因此唯有痛哭流涕、捶胸、踩脚，直到把心中的哀伤都发泄出来为止。然而心中仍是充满惆怅、凄怆、恍惚、慨叹，心中只有绝望和悲伤而已。在宗庙中祭祀，将亡亲当做鬼神来祭祀，也不过是希望亲人的灵魂能够幸而回来罢了。

【原文】

成圹而归，不敢入处室，居于倚庐，哀亲之在外也。寝苫枕块，哀亲之在土也。故哭泣无时，服勤①三年，思慕之心，孝子之志也，人情之实也。

或问曰："死三日而后敛者何也？曰："孝子亲死，悲哀志懑，故匍匐而哭之，若将复生然，安可得夺而敛之也？故曰：三日而后敛者，以俟其生也。三日而不生，亦不生矣，孝子之心亦益衰矣，家室之计，衣服之具亦可以成矣②，亲戚之远者亦可以至矣。是故圣人为之断决，以三日为之礼制也。"

【注释】

①勤：忧心劳思。

②衣服之具亦可以成矣：说明为死者准备装敛的衣服也需要时间。

【译文】

孝子把亲人在墓穴中埋好以后从墓地返回家中，不敢进入自己的寝室居住，而是住在简陋的草庐里，就是因为哀伤死去的亲人还在野外。孝子睡着草垫，枕着土块，这是因为哀伤亲人躺在墓地的土中。因此没有定时地经常哭泣，为亲人服丧三年，日夜思慕自己的亲人。这都反映了孝子心甘情愿的志尚，也是人的感情的真实流露。

有人问："亲人死后三天才装殓入棺，这是为什么呢？"答道："孝子在父母刚刚去世时，心中悲哀，思想上一下子接受不了，所以趴在尸体上痛苦，就好像能把父母哭活一样，人们怎么可以不顾及孝子的这点心思而强行马上入殓呢？因此说死了三天后才装殓入棺，是为了等待他的复活。过了三天而没复活，也就没有复活的指望了，孝子盼望亲人复活的信心也就大为减弱了。而且过了三天，家中备办丧事的工作以及孝服的准备等，也可以完成了。远方的亲戚，也可以来到了。所以圣人就根据这种情况做出决断，把死后三天才入殓作为礼制定了下来。"

【原文】

或问曰："冠者不肉袒，何也？"曰："冠至尊也，不居肉袒之体也，故为之免以代之也。然则秃者不免①，伛者不袒，跛者不踊，非不悲也，身有锢疾，不可以备礼也。故曰丧礼唯哀为主矣。女子哭泣悲哀，击胸伤心，男子哭泣悲哀，稽颡②触地无容③，哀之至也。"

或问曰："免者以何为也？"曰："不冠者之所服也。《礼》曰：'童子不缌，唯当室缌。'缌者其免也，当室④则免而杖矣。"

或问曰："杖者何也？"曰："竹、桐一也⑤。故为父苴杖，苴杖，竹也。为母削杖，削杖，桐也。"

或问曰："杖者以何为也？"曰："孝子丧亲，哭泣无数，服勤三年，身病体羸，以杖扶病也。则父在不敢杖矣，尊者在故也。堂上不杖，辟尊者⑥之处也。堂上不趋，示不遽也。此孝子之志也，人情之实也，礼义之经也。非从天降也，非从地出也，人情而已矣。"

四书五经

【注释】

①免：一条一寸宽的布带，在去冠以后，用以括发缠头。
②稽颡：丧主拜谢宾客时叩头至地。
③无容：不文饰仪容。
④当室：童子的父母已去世，由他主持家计。
⑤一也：作用一样的意思。
⑥尊者：指父亲。父亲是一家之长，故称尊者。

【译文】

有人问道："在戴着冠的时候就不袒露左臂，这是什么道理呢？"答道："冠是至为尊贵的东西，当一个人赤膀露肉时是不能戴冠的，否则就是对冠的亵渎，所以特地制作免来代替冠。但是丧礼中秃子就不用免，驼背就不用袒衣，跛子就不用踮脚，这并不代表他们不悲哀，而是由于自身有不可治愈的疾病，不可以使礼仪做得完备。因此说：丧礼只是以悲哀为主。女子哭泣悲哀，捶胸伤心；男子哭泣悲哀，叩头触地，不注意仪容，这都是极度悲哀的表现。"

有人问道："童子为什么要戴免呢？"答道："免是尚未加冠的童子所戴的东西。《礼》说：'童子不为远亲服缌麻三月的丧服，只有父母双亡而当家的孩童才为远亲服缌麻三月的丧服。'童子当室，就要为有缌麻之亲的族人服缌，服缌就要戴免，甚至还有拄拐杖。"

有人问道："丧杖是用什么做的呢？"答道："有竹子做的，也有桐木做的。无论是什么做的，其作用都是一样的。因此为父亲居丧用苴杖，苴杖是用竹子做的；为母亲居丧用削杖，削杖是用桐木削制而成的。"

有人问道："孝子在居丧期间为什么要拄丧杖？"答道："孝子在死了父母双亲后，经常哭泣，服丧忧心劳思三年，自然身体虚弱，用孝棒就是为了来扶持病体。如果父亲健在，就不敢为母亲拄丧杖，这是因为尊者尚健在的缘故。在堂上不敢拄孝棒，这是为了避开尊者所处的地方。在堂上也不敢快步走，这是为了表示不急促慌忙。这些都是孝子尽孝的表现，是人们感情的真实流露是合理合情的常规，不是从天上掉下来的，也不是从地下冒出来的，只不过是人情本应如此罢了。"

服 问

【原文】

《传》曰"有从轻而重"，公子①之妻为其皇姑②；"有从重而轻"，为妻之父母。"有从无服而有服"，公子之妻为公子之外兄弟；"有从有服而无服"，公子为其妻之父母。

《传》曰："母出则为继母之党服，母死则为其母之党服。"为其母之党服，则不为继母之党服③。

三年之丧既练矣，有期之丧既葬矣，则带其故葛带，绖期之绖，服其功衰。有大功之丧亦如之。小功无变④也。麻之有本者，变三年之葛。

既练，遇麻断本者⑤，于免绖之，既免去绖。每可以绖必绖，既绖则去之。

小功不易丧之练冠，如免，则绖其缌、小功之绖，因其初葛带。缌之麻不变小功之葛，小功之麻不变大功之葛，以有本为税⑥。

【注释】

①公子：国君的庶子。

②皇姑：谓公子之母。

③为其母之党服，则不为继母之党服：意思是说只能有一个外祖父母，不能有两个外祖父母。

④无变：小功丧服轻，所以不变服。

⑤麻断本者：这里指小功以下丧服。本指去掉根部的麻拧成的腰带。

⑥税：变易。

【译文】

《大传》篇谈到从服时曾说：有的人要跟着服轻服的人服重服，比如国君的庶子为其生母仅仅头戴练冠，穿用小功布做的丧服，而且葬后就除去，而庶子之妻却要为庶子的生母服齐衰期；而有的人要跟着服重服的人服轻服，比如丈夫为岳父母服丧要比妻子轻。有的人跟着没有丧服的人却要服丧。比如庶子的妻子要为丈夫的外祖父母服丧，而庶子却不服丧；有的人跟着有丧服的人却不要服丧，比如国君的庶子为其妻之父母，如果他是嫡子，就可以为之服三月，但因为他是庶子，所以就从有服变为无服。

《大传》又说：如果母亲是被父亲休妻出门，做儿子的就要为继母的娘家人服丧。如果是母亲早死，那以后就要为母亲的娘家人服丧。凡是为母亲的娘家人服丧的，就不再为（已死的）继母的娘家人服丧了。

本来已有三年之丧，到了小祥应改服轻丧服时，又遇到须服丧服一年的，在后死者入葬以后，所穿丧服就用三年之丧服改过之后的葛腰带，而头上戴着一年之丧的首经，身上衣服仍用改服过的大功做的丧服。如果遇到的是大功丧服，也和遇到期一年之丧一样穿用丧服。如果遇到的是小功丧服，那就不再改动已经变轻的丧服。

大功以上的丧服都用连根的麻腰带，在变服之后就改用葛腰带。小祥以后，又遇到小功以下的丧服，那么在需要除冠并用麻布条束发时，就要加戴小功的首经；行过礼后，不用"免"，也就随之除去首经。以后遇到需要戴经的时候就一定要戴经，事过之后就可除下来。

加服小功丧服的不必改换原来丧事到小祥以后变服的冠。如果遇到要去掉练冠而用麻布条束发时，应戴上缌麻或小功丧服的首经，但仍用原来的葛腰带。加服丧服，不能以轻易重，所以缌麻丧服的麻带，不能替换下小功的葛带；小功丧服的麻带较轻，不能替换下大功的葛带。因为只有带根的麻经才需要改换成轻服。

【原文】

殇长、中，变三年之葛，终殇之月算，而反三年之葛。是非重麻，为其无卒哭之税。下殇则否。

君为天子三年，夫人如外宗之为君也。世子不为天子服。

君所主、夫人妻，大子，适妇。

大夫之嫡子为君、夫人、大子，如士服。

君之母非夫人，则群臣无服，唯近臣及仆、骖乘从服，唯君所服服也。

公为卿大夫锡衰[①]以居，出亦如之，当事则弁经。大夫相为亦然。为其妻，往则服之，出则否。

凡见人无免绖，虽朝于君无免绖，唯公门有税齐衰[②]。《传》曰："君子不夺人之丧，亦不可夺丧也。"

《传》曰："罪多而刑五，丧多而服五。上附下附，列也。"

【注释】

①锡衰：最轻的丧服。

②唯公门有税齐衰：进入公门时，服不杖齐衰丧服的人要去掉衰，而不去绖。大功以下的丧服，衰绖都要去掉。

【译文】

身居三年之丧后，身上的丧服已经换成葛服，又遇到大功近亲的长殇或中殇，就仍须把葛带换成麻带。等到殇死的丧服期之后，再恢复原来的葛服。这并不是说殇服的麻带比葛带重，而是因为殇服没有卒哭祭，也就没有制服上的变易。如果遇到的是大功近亲的下殇，就无须这样了。

诸侯国君为天子服斩衰三年，诸侯国君的夫人为天子服丧就和诸侯的兄弟之妻为诸侯服丧的时间一样，服期为一年。但作为诸侯的嫡长子，就不必为天子服丧。

身为国君。只为夫人和嫡长子、嫡长子之妻主持丧事。

大夫的嫡子为国君、国君夫人、诸侯的嫡长子服丧，如同士人为他们服丧一样。

国君的母亲如果不是国君父亲的正夫人，那么群臣就不必为她服丧，只有国君的近臣和驾车以及陪车护驾的人随国君服丧，所穿的丧服和国君相同。

国君为卿大夫服丧时。身穿锡衰，在家和出门都是如此，但参加丧礼仪式的活动时，要在皮弁上加缠首绖。大夫们互相服丧也是如此。国君为卿大夫的妻服丧，到丧家去吊丧时就穿丧服，并加缠首绖，出来就摘下不戴了。

凡有居丧者外出见人时，无须除去首绖，即使是去朝见国君，也不须除去首绖。只有穿着齐衰丧服的人经过公门时，才除去齐衰。这就是《大传》中说的："君子不应该剥夺他人守丧的哀情，也不可被人剥夺守丧的哀情。"

《大传》说："虽然犯罪的种类有许多，但刑罚只有轻重五种；虽然丧服的对象有许多。但丧服只有五等，有的向上靠，有的向下靠，而分别归入其等。"

儒 行

【原文】

鲁哀公问于孔子曰："夫子之服，其儒服与?"孔子对曰："丘少居鲁，衣逢掖之衣①；长居宋，冠章甫之冠。丘闻之也：君子之学也博，其服也乡②。丘不知儒服。"

哀公曰："敢问儒行。"孔子对曰："遽③数之不能终其物，悉数之乃留④。更⑤仆未可终也。"

哀公命席，孔子侍，曰："儒有席上之珍以待聘，夙夜强学以待问，怀忠信以待举⑥，力行以待取其自立有如此者。

"儒有衣冠中⑦，动作慎；其大让如慢，小让如伪；大则如威，小则如愧；其难进而易退也，粥粥⑧若无能也。其容貌有如此者。

"儒有居处齐难⑨，其坐起恭敬；言必先信，行必中正；道涂不争险易之利，冬夏不争阴阳之和；爱⑩其死以有待也，养其身以有为也。其备豫⑪有如此者。"

【注释】

①逢掖之衣：腋下肥大的衣服。

②其服也乡：衣服随着乡俗。

③遽：急。

④留：久。

⑤更：替换。

⑥待举：等待别人举荐，推举。

⑦中：适中，合适。

⑧粥粥：柔弱而无所作为的样子。

⑨齐难：庄重、恐惧。

⑩爱：爱惜，珍惜。

⑪备：防祸害。豫：先行善道。

鲁哀公问孔子说:"先生穿的衣服,大概是儒者的服装吧?"孔子回答说:"我小时候住在鲁国,穿的是腋下肥大的衣服。长大后居住在宋国,戴宋国人所戴的章甫冠。我听说过这样的话,君子的学问要广博,穿衣服要入乡随俗。我不知晓什么才是是儒者的服装。"

哀公又问:"请问儒者的行为什么样?"孔子回答说:"匆忙地数说,不能将儒者的行为完全说清。如果一一地讲需要很长的时间,以致等到仆侍换班的时候,也讲不完。"

哀公命人铺设坐席。孔子陪侍一旁,说:"儒者是席上的珍品以等待别人的聘用,朝夕努力学习以等待别人的请教;心怀忠心以等待别人的推荐,勉力而行以等待别人的取用;尽力而行,以等待别人录取。儒者自立于世就是像这样的。

儒者穿戴适中,不异于常人,不流于俗,动作谨慎。对大事推让不受,似乎很傲慢。对小事也推让不受,似乎很虚伪。处理大事审慎,好像心有畏惧。处理小事恭谨,好像心里有愧,唯恐做不好。他们不愿与人争,但愿退让,柔弱谦卑的样子好像是无能之辈。儒者的容貌就是像这样的。

儒者平时的起居,严肃而不易做到,无论坐或立都非常恭敬。说话必以信用为先,行为必定中正不偏。行路不争省力而易走的路;冬天夏天,不与人争暖和凉快的住处。珍惜生命,以等机会来临;保养身体准备有所作为。儒者做事预先有所准备是像这样的。"

【原文】

儒有不宝金玉①,而忠信以为宝;不祈土地,立义以为土地;不祈多积,多文以为富;难得而易禄②也,易禄而难畜也。非时不见,不亦难得乎!非义不合,不亦难畜乎!先劳而后禄,不亦易禄乎!其近人有如此者。

儒有委③之以货财,淹④之以乐好,见利不亏其义;劫之以众,沮⑤之以兵,见死不更其守,鸷虫攫搏不程勇者;引重鼎不程其力;往者不悔,来者不豫;过言不再,流言不极;不断其威,不习其谋。其特立有如此者。

儒有可亲而不可劫⑥也，可近而不可迫⑦也，可杀而不可辱也。其居处不淫，其饮食不溽⑧，其过失可微辨而不可面数也。其刚毅有如此者。

儒有忠信以为甲胄⑨，礼义以为干橹；戴仁而行，抱义而处；虽有暴政，不更其所。其自立有如此者。"

【注释】

①不宝金玉：不把金玉当成宝贝。

②易禄：轻视高官厚禄。

③委：给，送。

④淹：腐蚀。

⑤沮：恐吓。

⑥劫：利用。

⑦迫：逼迫。

⑧溽：恣意讲究滋味。

⑨甲胄：盔甲。

【译文】

儒者不把金玉作为宝贝，而把忠信当做宝贝；不祈求拥有土地，而把建立道义当做立身的土地；不求有财富，而把具有渊博的知识作为富有。儒者难以得到却容易供养，容易供养而难以驯服。不在适当的时候见不到儒者，不是很难得到吗？如果国君的行为不合义理，他们就不予合作，这岂不是很难驯服吗？他们先效力而后得俸禄，不是很容易供养吗？儒者接近人的原则是像这样的。

对于儒者，把钱财物品送给他，用玩乐爱好浸渍他，儒者也不会见利而使义受到伤害；用众人去威胁他，用兵器去恐吓他，即使在死亡面前他也不变操守；遇到凶禽猛兽，就奋不顾身地去搏击，而不是先衡量自己的勇力；遇到要举重鼎，尽力而为，不考虑自身的体力够不够；对于自己做过的事，不再追悔，对于未来的事，不预先妄加猜测；错误的话不说两次，流言也不追究，始终保持自己的威严；只要应该做的，不会反复考虑才决定去做：儒者独特的立身就是像这样的。

儒者可以亲近，却不可以利用；可与接近，而不可以强迫；可以杀掉，却不能被侮辱。他们对住处不追求奢侈华丽。饮食也不讲究，有了过失可以含蓄地示意，不能当面一一指出。儒者的刚毅就是像这样的。

儒者将忠信作为盔甲，礼义作为盾牌，尊奉信守仁义去行动、办事，即使国家遇到暴虐的政治。也不改变他们信奉的操守。儒者的自立就是像这样的。"

【原文】

儒有一亩之宫，环堵之室；筚门圭窬，蓬户瓮牖；易衣而出，并日而食①；上答之不敢以疑，上不答不敢以谄。其仕有如此者。

儒有今人与居，古人与稽②；今世行之，后世以为楷；适弗逢世，上弗援③，下弗推。谗谄之民，有比党而危之者，身可危也，而志不可夺也；虽危，起居竟信其志，犹将不忘百姓之病也。其忧思有如此者。

儒有博学而不穷④，笃⑤行而不倦；幽居而不淫⑥，上通而不困；礼之以和为贵，忠信之美，优游之法；慕贤而容众，毁方而瓦合。其宽裕有如此者。

儒有内称⑦不辟亲，外举不辟怨，程⑧功积事，推贤而进达之，不望其报，君得其志。苟利国家，不求富贵。其举贤援能有如此者。"

【注释】

①并日而食：两天吃一天的粮食，指生活很贫困。

②稽：合。

③援：提拔。

④穷：穷尽，停止。

⑤笃：纯。

⑥不淫：不过分，指不放纵自己。

⑦称：推举。辟：通"避"。

⑧程：较量，考核。

【译文】

儒者居住之处所占面积只有十步见方，房屋四周之墙只有四五丈，门是用树枝编成的。只有一扇小门。用蓬草来遮掩，用破瓦器为边框做的圆窗；全家只有一件像样的外衣，谁出门就换上这件衣服，两天才吃一天的饭。国君答应采纳他的建议，他就不敢产生怀疑；国君不采用他的建议，他也绝不去取媚于人。儒者做官就是像这样的。

儒者虽与同时代的人生活，但思想行为却与古人相合。儒者今世的行为，可以作为后世学习的榜样；如果没有遇到政治清明的时代，上边得不到国君的提拔，下边也得不到基层官吏的推举，造谣之徒又相互勾结来危害他，却只能危及他的肉体，志操不可动摇；日常生活受到干扰，却能伸展他的志向，仍念念不忘百姓的患难疾苦。儒者的忧思之心就是像这样的。

儒者有广博的学识而不停止学习，切实地实行而不厌倦，独处时不放纵自己，上通达仕于君上而不会为政务所困窘，礼以和谐为贯，以忠信为美，以宽厚为法度；思慕贤人而又能团结众人，犹如磨毁自己方正的棱角而融合众人，犹如房瓦之切合。儒者的宽广胸怀就是像这样的。

儒者推荐贤人，对内不避亲属，对外不避怨恨的人。在推举前，对被推举人的功业、历年的事迹进行考核，推荐贤能而使他们获得任用。推举贤者，并不企望对方报答，只愿国君能借助贤人发展他的志向，只要有利于国家，不是通过荐贤来求得个人富贵。儒者举荐贤人、引荐能人就是像这样的。"

【原文】

儒有闻善①以相告也，见善以相示也；爵位相先也，患难相死也；久相待也，远相致也。其任举有如此者。

儒有澡身而浴德②，陈言而伏③；静而正之，上弗知也；粗而翘④之，又不急为也；不临深⑤而为高，不加少而为多；世治不轻，世乱不沮⑥；同弗与，异弗非也。其特立独行有如此者。

儒有上不臣天子，下不事诸侯；慎静而尚宽⑦，强毅以与人，博学以知服；近文章，砥厉⑧廉隅；虽分国，如锱铢，不臣不仕。其规为有如此者。

【注释】

①善：有益的。
②澡身：犹言洁身。浴德：沐浴于德，即以道德自律。
③陈言而伏：陈述自己的看法。
④翘：加以指正。

⑤深：地位低下的人。

⑥不沮：不废弃己志，即不放弃个人的理想。

⑦慎静而尚宽：审慎安静而崇尚宽厚。

⑧砥厉：磨刀石，精为砥、粗为砺。

【译文】

儒者听到有益的话就相互告知，看到好的行为也相互告知。在爵位面前，朋友之间互相谦让；在患难面前，就争相捐躯。自己将升迁，如朋友未升，就等候一起升迁。自己得志，朋友在他国不得志，路途遥远也要想办法召来。儒者任用和推荐是像这样的。

儒者洁身自好不为污浊所染，处处以道德自律。陈述自己的建议而静听君命，并默默地坚持正道。国君有过错，委婉地提出并加以劝谏，又不急于求成。得志后不在地位卑下的人面前显示自己，不在功绩少的人面前炫耀自己。遇到盛世，群贤并处而不自轻；遇到乱世，坚守正道而不沮丧。与自己观点相同的人，不和他结党营私；与自己观点不同的人，也不对他诋毁。儒者行事与众不同是像这样的。

有的儒者上不做天子的臣下，下不做诸侯的官吏；谨慎安详而崇尚宽和。坚强刚毅而又善于与人交，学识渊博却又能服膺贤人。亲接近礼乐法度，不断磨砺自己。即使把国家分封给他，在他看来却像小事一样微不足道，不愿臣服于人，也不愿出仕做官。儒者的规范行为就是这样的。

【原文】

儒有合志同方，营道同术①；并立则乐，相下不厌；久不相见，闻流言不信。其行本方立义，同而进，不同而退。其交友有如此者。

温良者，仁之本也。敬慎者，仁之地也。宽裕者，仁之作②也。孙③接者，仁之能也。礼节者，仁之貌也。言谈者，仁之文也。歌乐者，仁之和也。分散者，仁之施也。儒皆兼此而有之，犹且不敢言'仁'也：其尊让有如此者。

"儒有不陨获④于贫贱，不充诎⑤于富贵；不慁⑥君王，不累长上，不闵⑦有司。故曰'儒'。今众人之命儒也妄，常以'儒'相诟病。"

孔子至舍，哀公馆之，闻此言也，言加信，行加义，终没吾世，不敢以儒为戏。

【注释】

①营道同术：研究道艺有共同的方法。术：方法。

②作：行动，作为。

③孙：与"逊"字相通假。谦逊的意思。

④陨获：困难，无所作为。

⑤充诎：充，盈满。诎，失节。

⑥慁（hùn）：辱。

⑦闵：病，患害。

【译文】

"儒者交朋友，要有共同的志趣方向，研究道艺有共同的方法，彼此有建树就都高兴；如地位互有上下高低，彼此也不嫌弃。与友人长期不见，听到关于他的流言蜚语，自己绝不相信。他们的行为要本于方正，建立于道义之上。与自己志同道合的，就接近与他交往；与自己志向不同的。就退避疏远。儒者交朋友是这样的。

"温柔善良，是仁者的根本；恭敬谨慎，是仁者的本质；宽宏大量，是仁者的行动；谦逊待人，是仁者所能；礼节是仁的外貌；言谈高雅是仁者的文采；吹歌弹唱，是仁的和谐；济危扶困是仁者的施与。儒者兼有这几种美德，尚且不敢自称达到仁了。儒者恭敬谦让是这样的。

"儒者不因为贫贱困迫而丧失意志，不因富贵享乐而骄奢失节，不因君王的玷辱、上司的干涉牵制、官吏的刁难而违反道德，因此叫做'儒'。现今的众人自称为儒者，未尝有儒者之实，所以被人轻视，经常用儒者相讥讽。"

孔子至馆舍，鲁哀公款待他。说："听了以上的话后，知道儒者的言论更加可信对他的行事更加觉得合理。我这一生，再也不敢拿儒者开玩笑了。"

冠 义

凡人之所以为人者，礼义也。礼义之始，在于正容体，齐颜色，顺辞令。容体正①，颜色齐②，辞令顺③，而后礼义备。以正君臣，亲父子，和长幼。君臣正。父子亲，长幼和，而后礼义立。故冠而后服备，服备而后容体正，颜色齐，辞令顺。故曰"冠者，礼之始也"，是故古者圣王重冠。

古者冠礼筮日、筮宾④，所以敬冠事。敬冠事所以重礼，重礼所以为国本也。

故冠于阼⑤，以著代⑥也。醮于客位，三加弥尊，加有成也。

已冠而字之⑦，成人之道也。见于母，母拜之，见于兄弟，兄弟拜之，成人而与为礼也。玄冠、玄端，奠挚于君，遂以挚见于乡大夫、乡先生⑧，以成人见也。

【注释】

①容体正：指容貌体态端正。

②颜色齐：表情、神态得当。

③辞令顺：言辞和顺。

④筮：用蓍草占卜。宾：请来主持冠礼的人。

⑤阼：堂前东面的台阶，是主人升降的台阶。

⑥著代：指父子世世代代相传。

⑦字之：指为冠者取字。

⑧乡大夫：即"卿大夫"。乡先生：即乡中年老而德高望重的人。

【译文】

凡人之所以成为人，归根到底，是因为有礼义作规范。礼仪从哪里开始呢？首先在于端正姿容体态、严肃面部表情、理顺言谈辞令。端正了姿容体态、严肃了面部表情、理顺了言谈辞令，然后才进一步要求具备礼义。用这些要求来约束，以期使君臣各安其位，密切父子的关系、协和长辈和晚辈之间的关系。君臣地位确定了、父子之间相亲相爱、长幼和睦相处，礼义的基础才算建立好。古时男子到了二十岁戴上标志成人的帽子，然后再备齐各种服饰。服饰完备了，然后就能端正姿容体态、严肃面部表情、理顺言谈辞令。所以说"冠礼是男子成人之礼的开始"。因此古代圣王都十分重视冠礼。

古时候举行冠礼，选择日子和请谁来主持冠礼，都要占卜一下，看看是否吉利，这是因为冠礼是十分严肃的事。严肃地对待冠礼也就是重视礼数。重视礼数，是立国的根本。

在主人之阶（东阶）之上加冠，是表明被加冠者是传宗接代的人。冠者位于客位，主人向他敬酒，加冠三次，所加的冠一次比一次贵重，是鼓励他成人之后当努力奋进，显亲扬名。

加冠之后，称呼他的别号而不叫名，这是成人的标志。冠后去见母亲，母亲要答拜；与兄弟相见，兄弟也要答拜；这是因为他已成人，所以大家应当向他行礼。冠者戴着玄冠，穿上玄端的礼服去见国君，将礼品放在地上，表示不敢直接交给国君。接着带上礼品去拜访乡中有官位的人及已退休的官员，这都是以成人的身份与他们相见。

【原文】

成人之者，将责成人礼焉也。责成人礼焉者，将责为人子、为人弟、为人臣、为人少者之礼行焉。将责四者之行于人，其礼可不重与？

故孝、弟①、忠、顺之行立②，而后可以为人，可以为人而后可以治人也。故圣王重礼。故曰："冠者礼之始也，嘉事之重者也③。"

是故古者重冠。重冠故行之于庙④，行之于庙者，所以尊重事。尊重事而不敢擅重事，不敢擅重事，所以自卑而尊先祖也。

【注释】

①弟：通"悌"。
②行立：德行确立。
③嘉事：即嘉礼。冠礼属嘉礼。
④行之于庙：冠礼的重要仪式都在父庙举行。

【译文】

（通过）加冠礼使就他成为一个成人，则是要求他在加冠之后时时都能行成人之礼。所谓用成人的礼来要求他，就是要求他对父母要行儿子的礼，对兄弟要行兄弟的礼，对君上要行臣下的礼，对长辈要行晚辈的礼。这样严格要求一个成年男子具有这四种合乎礼的品行，对冠礼能不隆重吗？

做到对父母孝、对兄弟友爱、对君主尽忠、对长辈顺从，之后才能真正称得上是个人。成为真正的人，然后可以教导和管理别人。所以圣明的先王都特别重视冠礼，所以说冠礼是成人之礼的开端，是嘉礼中最重要的一项。

因此古人十分重视冠礼，因为重视它，所以要在宗庙中举行。在宗庙中举行，就是为了表示尊重冠礼。尊重冠礼，便不敢专擅，所以就在祖庙中举行是表示自谦、尊敬祖先。

昏 义

【原文】

昏礼者，将合二姓之好，上以事宗庙①，而下以继后世也，故君子重之。是以昏礼纳采、问名、纳吉、纳征、请期②，皆主人筵几于庙，而拜迎于门外，入揖让而升，听命于庙，所以敬慎、重正昏礼也。

父亲醮子而命之迎，男先于女也。子承命以迎，主人筵几于庙，而拜迎于门外。婿执雁③入，揖让升堂，再拜奠雁，盖亲受之于父母也。降出，御妇车，而婿受绥，御轮三周，先俟于门外。妇至，婿揖妇以入，共牢而食，合卺而酳④，所以合体、同尊卑⑤，以亲之也。

敬慎重正，而后亲之，礼之大体，而所以成男女之别，而立夫妇之义也。男女有别，而后夫妇有义；夫妇有义，而后父子有亲；父子有亲，而后君臣有正。故曰"昏礼者，礼之本也。"

夫礼始于冠，本于昏，重于丧、祭，尊于朝、聘，和于射、乡，此礼之大体也。

【注释】

①事宗庙：指传宗接代以事奉宗庙。

②纳采、问名、纳吉、纳征、请期：这是婚礼亲迎之前所当进行的五道手续；再加上亲迎，合称为"六礼"。

③执雁：指男子见女子所拿的东西。即男子初次见女子的见面礼。

④合卺（jǐn）而酳（yìn）：婚礼中夫妇饮交杯酒。

⑤同尊卑：指"共牢而食"，即夫妇共用一牲牢。

【译文】

婚礼，是准备结合两性间的欢好，对上来说，要传宗接代以事奉宗庙，对下来说，要生儿育女以接续后世，因此君子都十分重视它。所以在婚礼前进行纳采、问名、纳吉、纳征、请期等礼。男方的使者来时，女方的父母都要先在家庙中为先父神灵摆设几席。然后亲自出门拜迎男方的使者，引入庙门，双方揖让而登堂，在庙堂里，在先父神灵之前。

听受男方使者转达男家的话，这一切，都是力求使婚礼敬谨隆重而光明正大。

迎娶那天，父亲向儿子敬酒，吩咐他迎娶新娘，这是表示男的要先去迎娶，然后女的才能跟随男的而来。儿子秉承父命而去迎亲，女方的父母在家庙里设了几席，然后亲自在门外拜迎女婿。女婿捧着鹅走进去，彼此揖让而升堂，再拜置鹅在堂上，再拜叩头，因为这表明女婿是亲自从女方父母手中将新娘迎娶走的。然后女婿走下堂，出来把新娘的车驾好，并将车上的挽手绳交给新娘。然后驾着车子向前走。当车轮转了三圈时，女婿就下车，将车交给御者驾御。新郎乘坐自己的车先到家门外等着，新娘到了，新郎就对新娘作揖，请她进门。吃饭时，新郎新娘共用一种食物，同用一个酒杯饮酒，这样做，是用来表示二位一体，彼此相爱而无贵贱之分。

经过庄敬隆重的婚礼后，新婚夫妇才彼此相亲相爱。这是礼的重要原则。同时形成了男女间的分限，建立起夫妻间正当的道义。男女之间有了界限，夫妻间才有了道义，夫妻间有了道义，然后才会有父子亲情。有了父子亲情，然后君臣才能各安其位。因此说："婚礼，是礼的基本环节。"

礼，是以冠礼为起始，婚礼是礼的基本环节，丧礼、祭礼最为隆重，朝礼、聘礼最为尊敬，射礼、乡饮酒礼最为和睦。这是礼的大原则。

【原文】

夙兴，妇沐浴以俟见①。质明，赞见妇于舅姑，执笄②、枣、栗、段修以见。赞醴妇。妇祭脯、醢，祭醴，成妇礼也。舅姑入室，妇以特豚馈③，明妇顺也。厥明，舅姑共飨妇以一献之礼，奠酬。舅姑先降自西阶，妇降自阼阶，以著代也。

成妇礼，明妇顺，又申之以著代，所以重责妇顺焉也。妇顺者，顺于舅姑，和于室人，而后当于夫，以成丝麻、布帛之事，以审守委积④、盖藏。是故妇顺备而后内和理，内和理而后家可长久也。故圣王重之。

是以古者妇人先嫁三月，祖庙未毁，教于公宫⑤，祖庙既毁，教于宗室，教以妇德、妇言、妇容、妇功⑥。教成，祭之，牲用鱼，你、芼之以蘋藻，所以成妇顺也。

【注释】

①俟见：等待进见男子的父母亲。

②笲：盛物的竹器。

③豚馈：敬奉、馈赠一只小猪。

④委积：指粟米。

⑤教于公官：在宗子的祠堂接受婚前教育。

⑥妇功：指教给新娘怎样打理家政。

【译文】

婚后第二天，清早起床，新娘梳洗打扮好，等待拜见公婆。天明时，引导行礼的妇人带着新娘去见公公婆婆。新娘拿着装满枣栗子和干肉的竹篓，拜见公婆。赞礼的老管家代表公婆将甜酒赐给新娘。新娘坐在席上祭肉酱、祭酒之后，便完成了做媳妇的礼节。公公婆婆回到寝室后，新娘向公婆献上一只蒸熟的小猪等食物，这是表明做媳妇的孝顺。第二天，公婆以"一献之礼"来款待新娘，然后"奠酬"，礼毕，公婆先由西阶下去，新娘由阼阶下去，这是表明新娘已有接替婆婆作一家主妇的资格了。

完成了做媳妇的礼节，表明了媳妇的孝顺。又反复地表示她可接掌主妇之职，这样隆重地待之以礼，是要她实行做媳妇的孝顺。所谓媳妇的孝顺，首先是要顺从公婆，并与妯娌及大姑小姑和睦相处，这样才适合于丈夫。料理丝麻布帛的家事，保管家中所储备的各种财物。因此。媳妇尽到了自己的责任，然后家庭关系才能和谐安定；家庭内部和谐安定了。然后这个家才会长久兴旺。因此圣王十分重视媳妇的孝顺。

因此，古代女子在出嫁前三个月，若她的高祖庙未迁，就在宗子的祠堂接受婚前教育，如高祖庙已迁，就在王族宗室的庙里接受婚前教育，教给她们有关妇女的贞节恭顺的品德、言谈举止的应对、打扮装饰以及家务事等。学成之后，要祭告祖先。祭时用鱼作牲。用蘋藻作羹汤。用这些阴柔的东西的目的，是用来促使妇人柔顺的德行。

【原文】

古者天子后立六宫、三夫人、九嫔、二十七世妇、八十一御妻①，以听天下之内治，以明章妇顺，故天下内和而家理。天子立六官、三公、九卿、二十七大夫、八十一元士，以听天下之外治，以明章天下之男教，故外和而国治。故曰："天子听男教，后听女顺；天子理阳道，后治阴德；天子听外治，后听内职。教顺成俗，外内和顺，国家理治，此之谓盛德。"

是故男教不修，阳事不得，适见②于天，日为之食；妇顺不修，阴事不得，适见于天，月为之食。是故日食则天子素服而修六官之职，荡③天下之阳事；月食则后素服而修六宫之职，荡天下之阴事。故天子之与后，犹日之与月，阴之与阳，相须而后成者也。天子修男教，父道也。后修女顺，母道也。故曰："天子之与后，犹父之与母也。"故为天王服斩衰，服父之义也。为后服资④衰，服母之义也。

【注释】

①御妻：宫中职位较低的女官人。
②适：谴责，责罚。见：出现。
③荡：清除，涤荡。
④资：与"齐"字相通。

【译文】

在古代，天子的后妃设立六宫、三夫人、九嫔、二十七世妇、八十一御妻，以执掌治理天下内部，以表彰推广妇女贞顺的美德，所以能使内部和睦而各个家庭安定。天子设立六官、三公、九卿、二十七大夫、八十一元士，来掌管天下大事，以显示天下男子的政教，因此社会外部和谐而后国家就会大治。所以说："天子掌管男子的政教，王后掌管妇女柔顺的德行；天子掌管阳刚的大道，王后治理阴柔的德行；天子掌管外部的政教，王后掌管内部的贞顺。推行柔顺成了风俗，外部内部都和顺，国与家都循礼而入正轨，这就叫做盛德。"

因此，不重视修治政教，违背了阳道，天上就会出现谴责的征兆，为之发生日食；不重视修治妇女的柔顺品德，违背了阴柔之道，天上也会出现谴责的征兆，发生月食。因此遇到日食，天子就穿纯白的衣服，而考核六官的职务，以清除整理天下阳事不当的弊病；遇到月食，王后就穿纯白的衣服，而考核六宫的职务，以清除整理天下阴事不当的弊病。因此天子与王后。就像日与月，阴与阳，互相依靠才能存在。天子修治男子的政教，就像父亲管教儿子；王后推行女德，就像母亲教导女儿一样。因此说天子与王后，就好像父亲与母亲。所以如果天子死了，他的臣下就为他服斩衰三年，这与为父亲穿丧服的意义相同；如果王后死了，臣下为她服齐衰，此则和为母亲穿丧服的意义相同。

乡饮酒义

【原文】

乡饮酒之义：主人拜迎宾于庠门之外，入三揖而后至阶，三让而后升，所以致尊让也。盥、洗、扬觯，所以致洁也。拜至、拜洗、拜受①、拜送②、拜既，所以致敬也。尊让、洁、敬也者，君子之所以相接也。君子尊让则不争，洁、敬则不慢。不慢不争，则远于斗、辨矣，不斗、辨，则无暴乱之祸矣，斯君子之所以免于人祸也。故圣人制之以道。

乡人、士、君子，尊③于房户之间，宾、主共之也。尊有玄酒④，贵其质也。羞出自东房。主人共之也。洗当东荣⑤，主人之所以自洁而以事宾也。

宾主，象天地也，介⑥、僎⑦，象阴阳也，三宾，象三光也。让之三也，象月之三日而成魄⑧也。四面之坐，象四时也。

【注释】

①拜受：凡受物前先行拜礼，叫做拜受。

②拜送：凡授物而后行拜礼，叫做拜送。

③尊：指设酒樽，也就是设酒壶。

④玄酒：水。用水当酒，所以称"玄酒"。

⑤荣：屋檐之角。

⑥介：陪客。

⑦僎：通"遵"，是邀请来观礼的曾做过卿大夫的乡绅。

⑧成魄：生魄。

【译文】

乡饮酒礼的含义是这样的：主人走出乡学门外迎宾，并向宾行再拜礼；主人与宾入门后，彼此先后行了三次作揖之礼才到堂阶前；在升阶之前，主人与宾又相互谦让了三次，然后才主人升堂，宾也升堂。这是为了对宾客表示尊敬和谦让。主人洗手洗杯，然后举杯饮酒，这都是为了表示清洁。宾客升堂而主人拜迎，主人洗爵而宾客拜谢，主人献酒而宾客先拜后受，宾客接受了而主人在阼上拜送，宾客喝尽杯中的酒而主人拜既爵，这都是为了表达恭敬之意。彼此尊重和谦让，饮食清洁卫生，相互致敬，君子的交往就应该如此。君子们相互尊重谦让，就不会发生争斗；能洁净、恭敬，就不会出现怠慢；不怠慢，不争斗，就会避开打斗争吵；不打斗，不争吵，就不会有暴乱带来的祸患。这就是君子用来避免人为祸害的办法，所以圣人才制定了乡饮酒礼。

乡大夫、州长、里正及卿、大夫在举行乡饮酒礼时，酒壶放在东房门与室门之间的地方，这是表示宾主共同享用此酒。樽里盛着清水，由于水早于酒而表示尊崇它的原始性、质朴性。菜肴从东房端出来，这表示菜肴是由主人提供的。在东边屋檐下设洗，这表示本来是主人自己洗手洗脸的用具，现在也拿来敬事宾客了。

宾与主人，象征着天与地；介与僎，象征着阴与阳。众宾之长三人，象征日月星；升阶前宾主彼此推让三次，象征月亮于月初的第三天而始见光明；主人、宾、介、僎四面对坐，象征着四季。

【原文】

天地严凝之气，始于西南而盛于西北，此天地之尊严气也，此天地之义气也。天地温厚之气，始于东北而盛于东南，此天地之盛德气也，此天地之仁气也。主人者尊宾，故坐宾于西北，而坐介于西南以辅宾。宾者，接人以义者也，故坐于西北；主人者，接人以德厚者也，故坐于东南；而坐僎于东北，以辅主人也。仁义接，宾主有事，俎、豆有数，曰圣。圣立而将之以敬曰礼，礼以体长幼曰德。德也者，得于身也。故曰：古之学术道者，将以得身也。是以圣人务焉。

祭荐①、祭酒、敬礼也。嚌②肺，尝礼也。啐③酒，成礼也。于席末④，言是席之正，非专为饮食也，为行礼也，此所以贵礼而贱财也。卒觯，致实⑤于西阶上，言是席之上，非专为饮食也，此先礼而后财之义也。先礼而后财，则民作敬让而不争矣。

【注释】

①荐：指进献的脯
②嚌：尝，只到齿。
③啐：尝，入口。

④席末：席的西端。

⑤致实：干杯。

【译文】

天地之间的严凝之气，从西南方向开始，而到了西北方向最为强盛，这是天地之间的尊严之气，是天地之间的义气。天地间温和敦厚之气，开始于东北方，到东南方最为强盛，这是天地间的盛德之气，这是天地间的仁爱之气。做主人的尊敬宾客，因此把宾客的位置安排在西北方。而把介的位置安排在西南方，来辅助宾客。宾客是用道义来接待人的，所以坐在西北方。主人是以仁德敦厚接待人的。所以坐在东南方。而把馔安排在东北方来辅助主人仁义相互交接，宾主各得其所，待客的俎豆合乎要求的数目，这就叫做圣明。在此圣明的基础上又持之以敬，这就叫礼。以礼作为规范，使大家都能身体力行，这就叫德。所谓德，就是自身的行为都合于礼仪。因此说古时学习道艺的人，就是要在身体力行上有所得。所以圣人都努力去实行。

主人向宾进献酒食，先献脯，宾取脯以祭先人；又献酒，宾取酒以祭先人，这是表示敬重主人之礼。祭酒后，尝一口酒，这是成就主人献酒之礼已成。尝酒时移坐到席的末位。是说设此席的真正意义不只是为了饮食，而是为了行礼，这是重礼轻财的意思。宾的干杯在西阶，也是表示坐在此席之上并不是只为了吃吃喝喝，这是先礼后财的表现。人人做到了先礼后财，人民就会兴起恭敬谦让的风气，而没有争斗之事了。

【原文】

乡饮酒之礼，六十者坐，五十者立侍以听政役，所以明尊长也。六十者三豆，七十者四豆，八十者五豆，九十者六豆，所以明养老也。民知尊长养老，而后乃能入孝弟；民入孝弟，出尊长养老，而后成教；成教而后国可安也。君子之所谓孝者，非家至而日见之也，合诸乡射①，教之乡饮酒之礼，而孝弟之行立矣。

孔子曰："吾观于乡而知王道之易易也。"

主人亲速②宾及介，而众宾自从之，至于门外，主人拜宾及介，而众宾自入，贵贱之义别③矣。

三揖至于阶，三让，以宾升，拜至，献、酬辞让之节繁；及介，省^④矣。至于众宾，升受、坐祭、立饮，不酢而降，隆杀之义辨矣。

【注释】

①乡射：指乡射礼。
②速：邀请。
③别：郑玄说："别犹明也"。
④省：指主人与介之间礼节省减。

【译文】

在乡饮酒礼上，六十岁以上的人坐着，五十岁的人站着侍候，听候使唤，这表示对年长者的尊敬。六十岁的人上三个菜，七十岁的人四个菜，八十岁的人五个菜，九十岁的人六个菜，这表示对老人的奉养。通过这个礼，民众懂得了应该尊敬年长者，然后才能回家孝顺父母，尊敬兄长。民众在家能够孝顺父母，尊重兄长，在外能够尊敬老人而后教化就能成功。教化成功了而后国家才能安定。君子教导人们做到孝顺父母、敬事兄长的办法，并不是挨家挨户地每天不断去耳提面命，而是只要在举行乡射礼时把人们召集起来，把乡饮酒礼演示给他们看，就可以培养他们养成孝顺父母、敬事兄长的风气。

孔子说："我参观了乡饮酒礼之后，就知道了王者的教化得到推行是很容易的事。"

乡饮酒开始之前，主人亲自前往邀请正宾和介；至于众宾，则不需要邀请，由他们自己跟着正宾和介而来。到了主人门外，主人拜迎宾及介，而揖请其他的众宾客进入乡学大门，主人这样做的目的是使他们的身份贵贱很容易辨别清楚。

进门以后，主人与正宾彼此行了三次揖礼才来到堂阶之前；升阶之前，主人和正宾又相互谦让了三次才一齐升堂。主人又在堂上拜迎、揖让宾的来到，又斟酒献宾，宾又回敬主人，彼此推辞谦让的礼节十分繁缛。至于主人对介的招待，礼数就减省很多了。至于其他众宾，只是升堂接受献爵，坐着行祭，站着喝酒，众宾不斟酒回敬就降阶。招待规格的高低，由此不难看出。

工入，升歌三终，主人献之。笙入三终，主人献之。间歌①三终，合乐三终。工告'乐备'，遂出。一人扬觯，乃立司正②焉，知其能和乐而不流也。

宾酬主人，主人酬介，介酬众宾，少长以齿，终于沃、洗者焉，知其能弟长而无遗矣。

降，说③屦升坐，修④爵无数。饮酒之节，朝不废朝，莫不废夕。宾出，主人拜送，节文终遂焉，知其能安燕而不乱也。

贵贱明，隆杀辨，和乐而不流，弟长而无遗，安燕而不乱，此五行者，足以正身安国矣。彼国安而天下安，故曰："吾观于乡，而知王道之易易也。"

【注释】

①间歌：歌唱和演奏交替进行。
②司正：饮酒时监礼的人。
③说：通"脱"。
④修：进也

【译文】

乐队进来，先由唱歌队员演唱了三首歌曲。演唱完毕，主人向歌唱队员献酒。然后吹笙的队员进来，吹奏了三首乐曲。吹奏完之后，主人像吹笙者献酒。乐工与吹笙的人又交替地各演奏了三首歌；然后在堂上堂下配合起来即一唱一吹各演奏了三首歌。演奏完毕后，作为乐队领队的乐正就报告正宾，乐歌已经演奏完毕。之后降堂，站在西阶之东。这时主人的一个部下对宾举杯，表示旅酬就要开始。于是设立司正一人，负责监视饮酒失仪者。

旅酬开始，宾先自饮一杯而后斟酒劝主人饮，主人又向介斟酒，介又向众宾客斟酒，以下按照年龄的长幼。依序相进酬酒，直到侍候宾主盥洗的人为止。由此可知，行乡饮酒礼时能够使大家无论长幼皆被恩泽而无所遗漏。

撤俎之后，大家就下堂脱掉鞋子，然后重新升堂入座。下酒菜端上来以后，大家就开始彼此劝酒，不计杯数，尽兴为止。但饮酒的时间不要过长，以免误事。以早上不耽误早朝、晚上不耽误自己的家事为准。饮酒结束后，宾客离去。主人拜送。到此为止，乡饮酒的礼仪就结束了。由此可知，乡饮酒礼能够使大家玩的痛快而又井然有序。

身份的尊卑贵贱分明了，礼的繁复和省减清楚了，和乐欢乐而又不放肆失礼，不论长幼都能得到而不会遗漏，安乐而不发生混乱。做到了这五条，就足以使自己不犯错误，国家得到安定。国家安定了，天下也就安定了。所以孔子说："我参观乡饮酒礼以后，就知道了王者教化的推行是很容易的事。"

【原文】

乡饮酒之义，立宾以象天，立主以象地，设介、僎以象日月，立三宾以象三光①。古之制礼也，经之以天地，纪之以日月，参之以三光，政教之本也。

亨②狗于东方，祖阳气之发于东方也。洗之在阼，其水在洗东，祖天地之左海③也。尊有玄酒，教民不忘本也。

宾必南乡。东方者春，春之为言蠢也，产万物者圣也。南方者夏，夏之为言假④也，养之、长之、假之，仁也。西方者秋，秋之为言愁⑤也，愁之以时，察⑥守义者也。北方者冬，冬之为言中⑦也，中者藏也。是以天子之立也，左圣乡仁，右义偝⑧藏也。

介必东乡，介宾主也。主人必居东方，东方者春，春之为言蠢也，产万物者也。主人者造之，产万物者也。

月者三日则成魄，三月则成时。是以礼有三让，建国必立三卿。三宾者，政教之本，礼之大参也。

【注释】

①三光：谓二十八宿中的房、心、尾三宿。
②亨：同"烹"，烹饪。
③左海：东海。
④假：大。
⑤愁：通"擎"，收敛。
⑥察：肃杀。

⑦中：内也。

⑧偝：依靠。

【译文】

乡饮酒的象征意义是，设立正宾以象征天，设立主人以象征地，设立介与僕以象征日月，设立三位长宾以象征三光。古代制定礼法，以天地为原则，以日月为总纲，以三光为辅佐，构成了政教的根本。

乡饮酒礼的牲用狗，在堂的东方加以烹煮，这是效法阳气的根本。洗"放在阼阶一侧的东南处，所用的水就摆在"洗"的东边，这是效法天地的东方是海。酒樽里盛着清水，射而不饮，这是教育百姓不要忘本。

正宾一定面南而坐。从五行上来说，东方是春的位置，所谓春，就是万物蠢蠢欲动萌芽发生的意思，东方产育万物，这就是圣。南方是夏季的位置，所谓夏就是壮大的意思，养育万物，生长万物，繁盛万物，就是仁的品格。西方是秋季的位置。所谓秋就是收敛的意思，依时节收割收敛，就是坚守着义的品格。北方是冬季的位置。所谓冬就是中的意思，也就是庄稼收割完毕就要收藏。所以天子站立的时候总是左边傍着圣，面朝南而向着仁；右边傍着义，背朝北而依着藏。

介一定面向东而坐，因为他要在宾主之间起沟通作用。主人在堂上一定要坐在东方，东方是春季的位置。而春是萌动的意思，是产生万物的。主人之所欲就东方之位，是因为招待宾客的一切饮食也是由主人提供的。

月朔后三日，月亮的阴暗部分才恢复光明，三个月成为一季，所以宾主有相互谦让三次之礼，建立国家一定要有三个卿位。乡饮酒礼上要设立三名长宾之位，也是这个意思。这是政教的根本，也是制礼的重要依据。

聘 义

【原文】

聘礼，上公七介[1]，侯伯五介，子男三介，所以明贵贱也。

介绍[2]而传命，君子于其所尊弗敢质[3]，敬之至也。

三让而后传命，三让而后入庙门，三揖而后至阶，三让而后升，所以致尊让也。

君使士迎于竟[4]，大夫郊劳，君亲拜迎于大门之内而庙受，北面拜贶，拜君命之辱，所以致敬也。

敬让也者，君子之所以相接也。故诸侯相接以敬让，则不相侵陵。

卿为上摈，大夫为承摈，士为绍摈。君亲礼宾，宾私面私觌[5]；致饔饩[6]，还圭、璋，贿赠，飨、食、燕，所以明宾客君臣之义也。

【注释】

①介：数量词。

②绍：承接。

③质：怠慢。

④竟：边境地方。

⑤私觌：以个人身份去拜见主国的君主。

⑥致饔饩：向人致送熟肉和生牲。

【译文】

举行聘问之礼时，公爵国家派卿为使臣。出聘用七个为宾主传话的介，侯爵、伯爵用五介，子爵、男爵用三介，用介数量的多少是用来分别贵贱的。

介一个接一个地传达聘君的话，这是因为君子不敢与自己高度尊敬的人直接对话，是对主君极为恭敬的表示。

宾辞让三次然后传达自己国君的问候，宾主辞让三次后进入庙门，揖拜三次后走到堂阶之前，又推让了三次而后才登上阶，是极尊敬谦让的表示。

主国国君使士到边境去迎接聘的使者，又派大夫在郊外慰劳他，聘使到来，主国国君亲自在大门内拜迎，然后在太庙中接受使者传达来聘的意图，面朝北地拜受使者带来的礼物，并拜谢对方国君特派使者前来聘问的盛情。这些都是用来表示谦让的。

恭敬与谦让，是君子交往的方法。因此诸侯之间彼此以敬让的方式交往，就不会互相侵略欺凌。

接待来聘的使者时，用卿一级的官员做上宾，用大夫做承宾，用士做绍宾。行聘结束后，主国的国君亲自执醴酒来敬来聘的使者。使者以个人身份会见主国的卿大夫，还要以个人身份拜见主国的国君。国君又派人将熟肉和生牲送到使者的住处，并退还宾作为信物的玉圭和玉璋，同时赠给宾一束纺绸。主国的国君又以飨礼、食礼及燕礼接待宾，这些都是用以表明宾与主、君与臣之间的道义的。

【原文】

故天子制诸侯，比年小聘，三年大聘，相厉①以礼。使者聘而误，主君弗亲飨食也，所以愧厉之也。诸侯相厉以礼，则外不相侵，内不相陵。此天子之所以养诸侯，兵不用而诸侯自为正之具②也。

以圭、璋聘，重礼也。已聘而还圭、璋，此轻财而重礼之义也。诸侯相厉以轻财重礼，则民作让③矣。

主国待客，出入三积④，饩客于舍，五牢之具陈于内，米三十车，禾、三十车，刍、薪倍禾，皆陈于外，乘⑤禽日五双，群介皆有饩牢⑥，壹食，再飨，燕与时赐无数，所以厚重礼也。

古之用财者不能均如此，然而用财如此其厚者，言尽之于礼也。尽之于礼，则内君臣不相陵，而外不相侵，故天子制之而诸侯务焉耳。

【注释】

①厉：勉励。
②正之具：自相匡正的工具。
③作让：作，兴起；让，谦让。作让，指兴起谦让之风。
④出入三积：入境与出境都致送三次。
⑤乘：一对。
⑥饩牢：生牲，指生食。

因此天子对诸侯制定制度，诸侯每年派大夫为正使互行小规模的聘问，每三年派卿为正使互行大规模的聘问，目的是要使他们之间以礼互相勉励。如果来聘的使者在礼节有了错误，那么主君就不亲自为他举行飨礼和食礼，这样做的目的是为了使来聘的使者感到羞愧而勉励他改正。诸侯间若能以礼互相劝勉，就不会侵略欺凌别国了。这就是天子用来教养诸侯，不动武力，诸侯就会自行正道的工具。

用圭璋这样珍贵的物品作聘，是重礼的表示。聘礼完毕后。主国的国君把圭璋归还给聘使，这表示轻视财物而重视礼的意思。诸侯之间能以轻财重礼的道理相互勉励，他们的人民就会兴起谦让的风气了。

主国对待来访的客人，无论入境出境，都向客人致送三次米刍一类的物品。送熟肉和生牲至客人所住的馆舍，将五牢为主的食具陈设在宾馆内，还要将三十车米，三十车禾，以及超过谷物一倍的柴草都陈列到宾馆的门外。又每天致送家禽五对。随从正使的众介都有多少不等的饩牢。在朝廷上举行食礼一次，飨礼两次。而在寝宫举行燕礼，以及赏赐时新食物，就没有一定的次数了，这都是由于尊重聘礼的缘故。

古时候使用财物，并不是都这样破费的，但聘礼的用财，则绝不吝惜，这是为了极尽于礼义。能够做到极其重视于礼，那么在国内，君臣就不会相互欺凌。在国外，诸侯之间就不会有相互侵伐的事了。因此天子制定这种礼制，而诸侯乐于去实行它。

【原文】

聘、射之礼，至①大礼也，质②明而始行事，日几中而后礼成，非强有力者弗能行也。故强有力者将以行礼也，酒清③人渴而不敢饮也，肉干人饥而不敢食也，日莫人倦，齐庄、正齐④而不敢解惰，以成礼节，以正君臣，以亲父子，以和长幼。此众人之所难，而君子行之，故谓之有行。有行之谓有义，有义之谓勇敢。故所责于勇敢者，贵其能以立义也；所贵于立义者，贵其有行也；所贵于有行者，贵其行礼也。故所贵于勇敢者，贵其敢行礼义也。故勇敢强有力者，天下无事则用之于礼义，天下有事则用之于战胜。用之于战胜则无敌，用之于礼义则顺治。外无敌，内顺治，此之谓盛德。故圣王之贵勇敢、强有力如此也。勇敢、强有力而不用之于礼义、战胜，而用之于争斗，则谓之乱人。刑罚行于国，所诛者乱人也，如此，则民顺治而国安也。

【注释】

①至：最，特别。
②质：到了。
③酒清：酒已清冷。清：冷。
④齐庄正齐：容貌肃庄，班列整齐。

【译文】

聘礼与射礼是最隆重的礼节。天刚亮就开始行礼，差不多到中午了礼才进行完毕，不够坚强有力的人是做不到的。因此凡是坚强有力的人，都应该行此二礼。酒冷了，人们虽然口渴也不敢喝；肉已放干了，人们虽然饥饿也不敢吃；太阳下山了，人们虽然疲倦了，但容貌仍是严肃庄重，不敢有丝毫懈怠，用这种精神来共同完成礼节，来端正君臣的身份，使父子相互亲爱，长幼和睦相处。这是一般人所难以做到的，而君子却能做到。所以称君子为有德行。有德行也可称之为有义，有义也可称之为勇敢。所以说勇敢之所以可贵，就贵在能够树立道义。树立道义的可贵，就贵在有所行动。有所行动之所以可贵，就贵在能够行礼。所以说勇敢之所以可贵，就贵在能树立正义。因此勇敢而又坚强有力的人，在天下无事的时候。就将勇敢和力量用在礼义的方面；在天下混乱的时候。就将勇敢和力量用在战争上克敌制胜。用它在战争上就能克敌制胜，就会天下无敌；用它在礼义上，则天下亦必和平顺治，到了外无敌人敢来侵犯，国内又和顺安定，这就叫做盛德。所以贤王是如此看重勇敢与坚强有力。如果勇敢与坚强有力不用在礼义与作战求胜上，而用它在争强斗狠上，那就叫做作乱的人。国家制定刑罚而行于全国，所要依法诛杀的正是这种作乱的人。如果能这样做，那么人民就会顺利治理。而国家也就得以安定了。

【原文】

子贡问于孔子曰："敢问君子贵玉而贱碈者何也？为玉之寡而碈之多与？"孔子曰："非为碈之多故贱之也，玉之寡故贵之也。夫昔者君子比德于玉①焉：温润而泽，仁也；缜密以栗②，知也；廉而不刿③，义也；垂④之如队，礼也；叩之其声清越以长，其终诎然⑤，乐也。瑕不掩瑜，瑜不掩瑕，忠也。孚尹⑥旁达，信也。气如白虹，天也。精神见于山川，地也。圭、璋特达，德也。天下莫不贵者，道也。《诗》云：'言念君子，温其如玉。'故君子贵之也。"

【注释】

①比德于玉：有德行的人的美德可与玉相比。
②栗：结实。
③廉而不刿：方正有棱角而于物无伤。
④垂：比喻意，用来指君子的谦抑善下。
⑤诎然：没有任何声响。
⑥孚：通："浮"。尹：竹上的青色。

【译文】

子贡问孔子说："为什么有德行的人都看重玉而轻视似玉非玉的磻石呢？是由于玉少而磻石多的缘故吗？"孔子回答说："并不是因为磻多，就鄙贱它；也不是因为玉少，就宝贵它。那是因为从前君子将玉的品质与人的美德相比：玉温润而有光泽，类似于仁者的德行；细致精密而坚实，类似于智者的德行；有棱角而不伤害别人，类似于义者的德行；佩玉垂而下坠，类似于君子谦卑有礼；敲击而发出清脆悠扬而情韵悠长的声音，当终止的时候，绝无余音；它身上的瑕疵并不会掩盖自身的光彩。它自身的光彩也不会掩盖自身的瑕疵，类似于忠实正直的品行；它的颜色晶莹透体，光彩外发，而通达四方，类似于信实的德行；它的光气，犹如太阳旁边垂着的白虹一样，类似于像天一样有无所不包的美德；它蕴藏在地下，但精气却呈现在山川之间，类似于像地一样有无所不载的美德；用圭璋作为朝聘时的信物，是因为玉有币帛所没有的美德。天下都以玉为贵重，有如天下都尊重真理一样，所以玉又如真理般光辉可贵。《诗经》说："想念我那夫君啊，他性格温柔，就像玉一样。"因为玉有许多美质，所以有德行的人都十分偏爱它。"

周易

上 经

乾卦第一

乾 乾为天

【原文】

乾①：元亨，利贞②。

初九③，潜龙勿用。

九二，见龙在田，利见④大人。

九三，君子⑤终日乾乾，夕惕若，厉无咎。

九四，或⑥跃在渊，无咎。

九五，飞龙在天，利见⑦大人。

上九，亢⑧龙有悔。

用九⑨，见群龙无首，吉。

【注释】

①乾：乾用来代表天。具有强健、阳刚之特性。

②元亨、利贞是两个表示吉祥的征兆辞，表明是两个吉占。

③初九：《易经》六十四卦各由六爻构成，它的顺序自下而上，名曰初、二、三、四、五、上；初即一，上即六。《易经》占筮，用九、六之数，九表阳，六表阴，所以凡阳爻均称九，凡阴爻均称六。本爻位居卦中第一位，所以称初；为阳爻所以称九。

④见：出现，发现。

⑤君子：指道德高尚的人。

⑥或：无指代词，指代对象不是确定的，仅表明"有"之意，或者有人或者有时；这里是有时的意思。

⑦见：发现。

⑧亢：极，甚。

⑨用九：乾卦特有的爻名。《易经》的乾卦和坤卦都多一爻（坤卦

为"用六"），专门表示这两卦是全阳、全阴。"用九"表示乾卦的全阳爻将尽变为全阴爻。

【译文】

乾卦：大吉大利，吉祥的占卜。

初九，潜藏的龙，无法施展，需要等待时机。

九二，龙星出现在天田星旁，对王公贵族有利。

九三，有才德的君子整天勤勉努力，夜里也要提防危险，但最终不会有灾难。

九四，巨龙待机而动，即使跳进深潭，也不会有灾祸。

九五，龙星春分时出现在天上，对王公贵族有利。

上九，巨龙飞得太高，就会有灾祸之困。

用九，卷曲的龙见不到头，是吉利的兆头。

【解读】

乾卦通过"天"、"龙"之形象，揭示出"阳刚"、"强健"之本质的作用和事物发展变化的规律。乾为纯阳，坤为纯阴。阴阳相对，相生相克，生生不息。

在今天看来简单明了的自然现象，对古人来说意义却非同寻常。神的意志通过自然现象表现出来，便成为对人的行为举止的启示。大凡自然界和人类社会中超出人们想象力和理解力的事物，都可以按这种"天人感应"的思路来解释。这样一来，人们的行为举止就有了依据。掌握着财富、权力、知识的王公贵族需要这样，普通的平民百姓也需要这样。

乾卦的精神实质，在于勉励人们效法"天"的刚健努力，奋发向上。正所谓"天行健，君子以自强不息"。

坤卦第二

坤 ䷁ 坤为地

【原文】

坤①：元，亨②，利牝马之贞。君子有攸往，先迷后得，主利。西南得朋，东北丧朋。安贞吉。

初六，③履霜，坚冰至。

六二，直方大，不习无不利。④

六三，含章，可贞；或从王事，无成有终。⑤

六四，括囊，无咎无誉。⑥

六五，黄裳，元吉。⑦

上六，龙战于野，其血玄黄。⑧

用六⑨，利永贞。

【注释】

①坤：坤是本卦标题。坤的卦象是六个阴爻，用来表示大地以及阴柔的事物。本卦的内容与人在地上的生活有关。

②元亨，利牝马之贞：元亨，前途非常亨通、顺利。牝马，与雄马相对。

③履：踏。霜：这里是用薄霜象征阴气初起，预示严寒将至。

④直方大：直，纵向无边；方，横向无涯；大，幅员辽阔。此句是说地之德宽厚、博大。习：修习，见习。

⑤含章：指六三爻虽然为阴爻，但是由于居在阳位，所以内含阳刚之美而不轻易显露。章，文采绚丽，色彩彰美。或从王事，无成有终：此句展示"含章，可贞"的具体情状，体现了坤顺乾的本质特征。王：指乾，指天。

⑥括：收束，扎紧。囊：布口袋。

⑦黄裳：黄色的裙或裤。这是尊贵吉祥的标志。

⑧龙战：指阴阳交合。龙，比喻阳刚之气。战，接。上六阴气至

盛，阴极阳来而阴气未消。所以有阴阳二气交合的"龙战"之象。玄黄：玄为天色，黄为地色。所谓玄黄是天地：色混杂不清阴阳互渗难别。

⑨用六：坤卦特有的爻名。"用六"表示坤卦的全阴爻将尽变为全阳爻。

【译文】

坤卦：大吉大利。占问母马得到了吉利的征兆。君子出行，筮得此卦，开始则迷失方向，继而则可寻得所在追求的目标，吉利。宜往西南方向，不要往东北方向，因为往西南能够遇到朋友，而往东北则遇不到志同道合的人。如果占问是否平安，卜得此卦就会得到吉兆。

初六，脚下踩到了薄霜，结成坚实冰层的时令就快要到了。

六二，大地的形貌平直、方正、辽阔；虽然去到不熟悉的陌生地方，也不会有什么问题。

六三，具备着美好品德，占问之事均可实行。有人服役于战争，没有取得战绩，但结局还是好的。

六四，扎紧了口袋，不随便说话，可以免遭灾祸，但是不能获得美誉。

六五，穿着黄色裙裳，大吉大利。

上六，龙在旷野上争斗，血流遍地。

用六，这是永久吉利的最好征兆。

【解读】

坤为地，是孕育万物的始母。负载着生命的生长发育。地的法则，是安详与纯正，柔顺地遵循天的法则。

"阴"与"阳"，并不单纯地只是构成宇宙万物的两大要素，主要是用以说明宇宙万物一切变化现象的刚柔动静的性质与作用。阳刚与阴柔的变化作用永远反复不已，无穷无尽。而这一阴柔阳刚、动静变化不息的法则，正是宇宙的法则，人生的真谛。

屯卦第三

屯☰☰水屯

【原文】

屯①：元亨，利贞；勿用有攸往，利建侯②。

初九，磐桓③，利居贞，利建侯。

六二，屯如，邅如。乘马班如，匪寇婚媾；女子贞不字，十年乃字。④

六三，即鹿无虞，惟入于林中；君子几，不如舍，往吝。⑤

六四，乘马班如，求婚媾，往吉，无不利。

九五，屯⑥其膏。小贞吉；大贞凶。

上六，乘马班如，泣血⑦涟如⑧。

【注释】

①屯：卦名。屯的意思是困难，卦象是表示雨的"坎"和表示雷的"震"相叠加。本卦的内容是讲各种困难的事情。

②建侯：授爵封侯。

③磐桓：回旋不前进的样子。

④屯如，邅如：乘马欲进，但又班师而还。邅，转移。如，样子。班：众多。匪：通"非"。不字：不嫁人。字，古时礼仪，女子订婚后即用簪子插住发髻；这里引申为许嫁。

⑤即鹿无虞：追鹿而无虞人作向导。即，追逐。虞，虞人，古时管理山林之官。几：求。舍：舍弃。吝：艰难。

⑥屯：当囤积的"囤"用；膏：肥肉。

⑦泣血：指无声地痛哭。

⑧涟如：水波荡漾的样子，这里形容血泪不断地流淌。

【译文】

屯卦：大吉大利，吉祥的占卜。出门不利。有利于建国封侯。

初九，徘徊流连，难于前行，就像女子宁可十年不嫁，亦不苟且。应持以退为进以后取先策略。

六二，想前进又难于前进，乘着马车在原地回旋。这不是强盗前来抢劫，而是来求婚。占卜的结果是这个女子不能怀孕，十年之后才能生育。

六三：追捕山鹿没有虞人帮助，结果误入茫茫林海中；在这种情况下，君子与其继续追逐，不如舍弃而回返；如果一意前往追逐，必将遭遇艰难。

六四，乘着马车在原地回旋，因为是去求婚。前进的结果吉利，没有什么不利。

九五，把钱财聚集起来。少量屯积，则吉祥；大量屯积起来用于战争，则有凶险。

上六，乘着马车在原地回旋，悲痛得血泪流淌不断。

【解读】

屯卦用诗一般的语言为我们展示了人世间生存的艰难情景：外出路难行，求婚受挫，追猎受阻，踌躇徘徊和悲痛欲绝的心境。

这一卦喻示事物初生之际的情状，必须奋发图治，开拓前进。所谓"国屯难而思抚"，正是这种积极意义。所谓"君子以经纶"，悟知当局势初创多艰之际，须奋发治理天下，日夜不遑宁处，乃可成拨乱反正之功也。

《屯》卦，阐释天地草创，接着来到的，是秩序尚未建立，混乱不安的苦难时期，但是亦即英雄豪杰建功立业的大好时机，必须坚定纯正的信念，明辨果断，不可轻举妄动，应当积极进取，先求安全，再求发展。

蒙卦第四

蒙 ䷃ 山水蒙

【原文】

蒙①：亨。匪我求童蒙，童蒙求我。初筮告，再三渎，渎则不告。利贞②。

初六，发蒙，利用刑人，用说桎梏；以往吝。③

九二，包蒙④，吉。纳妇，吉，子克家。

六三，勿用取女，见金夫，不有躬，无攸利。⑤

六四，困蒙，吝。

六五，童蒙，吉。

上九，击蒙⑥；不利为寇，利御寇。

【注释】

①蒙：卦名。蒙的意思是高地上草木丛生。由于"蒙"字在本卦中多次出现，所以用它来作标题。全卦内容主要讲开荒垦植，也涉及到了家庭婚事等。

②童蒙：年幼无知之人。蒙，蒙昧。初筮：第一次占筮。告：告诉，此指告诉吉凶。再三：这里承前省略了一个"筮"字，所以"再三"即"再三筮"，意为接二连三地占筮。再，第二次。渎：亵渎。

③发蒙：垦荒时割草伐木。刑人：受过刑的人，指奴隶。说：通"脱"。桎梏：古代刑具名。铐在足上称桎，铐在手上称梏，说桎梏，意为免于犯下罪恶。以：而。

④包蒙：捆扎割下的荒草。

⑤取：通"娶"。金夫：美称，指美貌郎君。不有躬：不顾自身体统，即自失其身。

⑥击蒙：砍伐树木。

【译文】

蒙卦：象征童蒙。不是我请教蒙昧愚蠢的人，而是蒙昧愚蠢的人请教我。把第一次占筮的结果告诉了他，他却不恭敬地再三占筮；对不恭敬的占筮，神灵不会告知吉祥的占卜。

初六，启发蒙昧无知的人，以增进其智慧，宜严厉执教甚至施罚；如果智慧初开就急于施罚，行动将困难重重。

九二，捆扎割下的荒草，吉利。正式礼聘迎娶妻子，吉利。男女一起建立家庭。

六三，不宜娶这个女子为妻，因为她眼中所见的只是美貌郎君，遇到这样的男人她就自失其身，这种婚姻有害无益。因为行为不合理。

六四，被蒙昧无知的人所困扰，终究要遭遇艰难。

六五，蒙昧无知的人正受启发，必获吉祥。

上九，割草伐木。充当强盗不利，抵御强盗有利。

【解读】

蒙，指蒙昧，象征启蒙、启蒙教育。本卦卦义为蒙昧无知、卦型象意为山下有泉，内涵作用为启蒙待教，代表显示为童稚勿责。事业初创、应求教于该事业经验丰富之前人长辈，聚精会神、衷心请益，以求得其真传。唯就教乃为学正，如欲为寇盗而学，则非正道，大难灾咎随至。

《尚书·太甲》："先王昧爽丕显，坐以待旦，旁求俊彦，启迪后人。"《礼记·学记》："玉不琢，不成器，人不学，不知道。是故古之王者，建国君民，教学为先。"全卦主旨均在"教"与"学"两者，阐发我国古代教育理论的哲学思想。

需卦第五

需 ䷄ 水天
     需

【原文】

需①：有孚，光亨，贞吉，利涉大川。②
初九，需于郊，利用恒，无咎。③
九二，需于沙，小有言；终吉。④
九三，需于泥，致⑤寇至。
六四，需于血，出自穴⑥。
九五，需于酒食⑦，贞吉。
上六，入于穴，有不速之客三人⑧来，敬之，终吉。

【注释】

①需：卦名。本卦因"需"字多次出现，便用它作标题。全卦内容主要是出行和客居。

②孚：诚信。光：光明。涉：涉越。大川：大江大河。

③郊：城邑之外。恒：此指恒心。

④沙：沙滩。小：少。言：指口舌是非。

⑤致：招来。

⑥穴：古时的住所，依地势挖建而成，下半是在地下挖出的小土穴，上半是在地面搭建的屋顶。

⑦酒食：此指酒宴。

⑧三人：三人谓下三阳。按卦位应得一人，但处于亟需变动之时，不按三人则不能成"讼卦"即下一卦，所以才说，贤不当位，未大失也。

【译文】

需卦：捉到俘虏。大吉大利，吉祥的占卜。有利于渡过大江大河。
初九，在郊野中等待，宜于持之以恒，这样，必无灾祸。

九二，在沙滩上等待，被发现因而引起议论，如果能够减少口舌是非，最终能吉利。

九三，在河边泥泞中等待，如果冒进，会招致贼寇到来。

六四，陷入到血污之中，从地穴住处里逃脱出来。

九五，在酒席上留连等待，征兆吉利。

上六，陷入险境，三位不速之客来访，但只要以礼待之，最终必将获得吉祥。

【解读】

本卦卦意为需要等待，乾下坎上，乾健遇坎险，不遽进以陷于险，需待之义也。阐明事物在发展过程中应当耐心等待时机与事物的发展。卦型象意乃云上于天，内涵作用为需求正当，代表显示为待时待机。为人讲求信实，心地光明正大，抱持坚固贞正，当可克复一切阻碍困难，而需求正当，必能亨信，光明亨通，不行险，不侥幸，自可一帆风顺，利涉大川，达成目的。

《需》卦卦辞，认为大获，大亨。以刚遇险，等待时机再行动，不陷于险所以是有获，大亨。能看到险在前而不陷，处于险而能脱，难能可贵也。所谓顺从，即指顺从天道也。

讼卦第六

讼 ䷅ 天水讼

【原文】

讼①：有孚窒惕②，中吉；终凶，利见大人，不利涉大川。

初六，不永所事；小有言，终吉。③

九二，不克讼；归而逋；其邑人三百户，无眚④。

六三，食旧德，贞厉，终吉⑤；或从王事，无成。

九四，不克讼；复即命渝，安贞吉。⑥

九五，讼，元吉。

上九，或锡之鞶带，终朝三褫之。⑦

【注释】

①讼：卦名。讼的意思是争斗。本卦的内容主要讲人与人之间的纠纷和斗争。

②窒惕：戒惧警惕。

③不永所事：不长久困于争讼之事。永，久长。

④不克讼：争讼失利。克，胜。归而逋：逃亡，逃避。邑：卦地，即古代所谓的"国"。三百户之邑是小国。眚：灾祸。

⑤食：享受。旧德：指昔日的俸禄。厉：危险。

⑥复即命：回心归于正理，复，反，反悔。命：天命。渝：变，此指改变初衷。

⑦鞶带。古代根据官阶颁赐的腰带。终朝：一整天。褫：剥夺。

【译文】

讼卦：抓获了俘虏，但要戒惧警惕。事情的过程吉利，结果凶险。对王公贵族有利，对涉水渡河不利。

初六，做事不能坚持长久，出了小过错，而结果吉利。

九二：争讼失利，返回之后就应当逃避；逃到只有三百户的小地方便息事宁人躲过灾难。

六三，安享昔日俸禄，占筮虽有危险，但最终可获吉祥。有时辅佐君王大业，必然碰壁。

九四：争讼失利，改变争讼初衷，则平安无事，占筮可获吉祥。

九五，审断争讼，判明是非曲直，可获大吉大利。

上九，君王赏赐官职，但一天之内三次将赐予的官职剥夺。

【解读】

本卦卦义为忿争诉讼，卦型象意天水悖行，内涵作用为争讼不休。

《讼》阐释在事业的进行中，难免发生争讼，但告诫不可争讼。争讼不会有结果，宜于化解，不可拖延过久，以致不可收拾。应当退让，自我反省，于争讼之前就当谨慎，不可轻启争端，惹祸上身。知足常乐，韬光养晦，不可逞强争胜。隐思顺其自然，安于正理，必然心安理得。裁判争讼，以至中至正为根本。

《讼》卦乃诫人止讼免争也。

师卦第七

师☰☷ 地水师

【原文】

师①：贞，丈人②吉，无咎。

初六，师出以律，否臧凶。③

九二，在师，中吉，无咎；王三锡命。④

六三，师或舆尸⑤，凶。

六四，师左次⑥，无咎。

六五，田有禽，利执言，无咎。长子帅师，弟子舆尸，贞凶⑦。

上六，大君有命，开国承家，小人勿用。⑧

【注释】

①师：卦名。师在这里的意思是指军队。本卦既因"师"字多次出现，又因内容主要与军队出征作战有关，所以用师作标题。

②丈人：贤明长者，此指军事统帅。

③律：军纪，纪律。否：不。臧：善。

④在：统率。中：中正。王三锡命：君王多次颁赐奖赏其功。锡，通"赐"。命，诏书。

⑤舆尸：以车载运尸体，比喻兵败。舆，大车。此用作状语，表示工具、手段。

⑥左次：驻扎在左边。次，驻扎。古人尚右，居左有撤退之势。

⑦禽：泛指禽兽。执：捕捉。言：通"焉"。弟子：次子。

⑧大君：国君。有命：降下诏命，论功封爵。开国：分封诸侯。国，诸侯封地。承家：分封大夫。小人勿用：意为要用君子，不要用小人。

【译文】

师卦：占问总指挥的处境，吉利，没有危险。

初六，军队出征，必须遵循号令行事；如果军纪败坏，必有凶险。

九二，主帅身在军中，吉利，没有灾祸，君王三次下令嘉奖。

六三，军中有人用车运送尸体，战败。

六四，军队驻扎在左方，准备随时撤退。如此可免遭灾祸。

六五，两军打仗，应先晓以大义；军队只能交付一人统帅；如果让一些庸才分掌兵权，则难逃厄运。

上六，国君下令赏功，分封诸侯大夫。不能重用无才德的小人。

【解读】

本卦卦义为贞正之师，卦型象意为地中有水、内涵作用为聚众为师，代表显示为残酷争战。为贯彻正义，反抗侵略，讨伐邪恶，符合众望、绝不吝于毅然出师。用师得正，则师出有名，用师择时。则将乃知兵。就事言有战胜之望，就理言无穷兵之咎。

战争是凶恶的工具，关系着人民的生命，国家的存亡，所以用兵必须慎重。军队必须是正义之师，统帅必须中庸、公正、老成持重，不可好战喜功。战争必须得到人民的支持，才能战无不胜。这一卦的占断，凶多吉少，强调兵者凶器，告诫用兵必须慎重。本卦可视为《易》中战争思想的提要；蕴涵古代早期军事思想的核心所在。

比卦第八

比 ䷇ 水地比

【原文】

比①：吉。原筮，元永贞，无咎。不宁方来，后夫凶。②

初六，有孚比之，无咎；有孚盈缶，终来有它，吉。③

六二，比之自内④，贞吉。

六三，比之匪人⑤。

六四，外比之⑥，贞吉。

九五，显比⑦；王用三驱，失前禽，邑人不诫，吉。

上六，比之无首⑧，凶。

【注释】

①比：卦名。比的本义是亲密，在本卦中为一词多义。由于"比"字多次出现，本卦用它来作标题。全卦的内容主要讲交往和团结。

②原筮：旧筮。原，追寻之辞。元：下脱一"亨"字，所以"元"即"元亨"，意为大吉大利。永贞：占问长期之吉凶。不宁方来：不安宁的邦国，不愿臣服的邦国。后：迟来者。夫，语气词，无义。

③有孚比之：有诚信之心者前来亲辅。盈缶：美酒装满酒坛。盈，满，缶，大肚小口，用来盛酒的瓦器。终来有它：最终会发生意外情况。

④自内：来自内部。

⑤匪人：不正派的人。

⑥外比之：向外亲辅。

⑦显比：光明正大的亲辅。显，显明。王用三驱：君王用三驱之礼狩猎。三驱，三面驱围，网开一面，这是天子田猎之礼。失：逃走。禽：泛指禽兽。诫：惧怕。

⑧无首：无首：没有头脑，指没有核心。

比卦：吉利。三人同时再占问，占问长久吉凶，没有灾祸。不愿服从的邦国来了，迟迟不来的诸侯要受罚。

初六，胸怀诚信之心前来辅佐，没有灾祸。如果诚信之意如美酒满坛，最后即使发生意外情况，也会吉祥。

六二，亲近辅佐来自内部，筮得此爻可获吉祥。

六三，与不正派的人结党营私。

六四，与外国结盟亲善，贞兆吉利。九五：光明正大地亲辅。君王狩猎，三方驱围，网开一面，任凭前方的禽兽逃逸。这样仁义宽宏，使人们都不会产生惧怕之心，当然也会吉祥。

上六，小人互相倾轧，不能团结一心，凶兆。

【解读】

本卦卦义为亲和比附、卦型象意为地上有水，内涵作用为上下亲比，代表显示为平和安定。领导人德才俱备，众人敬仰，民阜丰盈，和平安定，万事万物，诸般顺遂。

《比》卦，阐释亲爱精诚的道理。物以类聚，形成群体，必须相亲相辅，在刚毅中正的领袖领导下和平相处，才能精诚团结，这是创造共同幸福的根本，永恒的真理，不可迟疑。

相亲相辅的原则，应以诚信为本，发自内心，采取积极主动的态度，但动机必须纯正，亲近的对象，必须择善固执，远恶亲贤。而且应当宽宏无私，包容而不可强求，更应当一本初衷，贯彻始终，才能够精诚团结，一片祥和。

小畜卦第九

小畜 ䷈ 风天小畜

【原文】

小畜：①亨；密云不雨，自我西郊②。

初九，复自道③，何其咎？吉。

九二，牵复，吉。④

九三，舆说辐⑤，夫妻反目。

六四，有孚；血去惕出，无咎。⑥

九五，有孚挛如，富以其邻。⑦

上九，既雨既处⑧，尚德载；妇贞厉；月几望；君子征凶。

【注释】

①小畜：卦名。畜的意思是田地里谷物滋生，草木茂盛。卦象是表示天的"乾"和表示风的"巽"相叠加，卦辞、爻辞主要讲农业生活。本卦'标题是根据内容加的。

②自我西郊：浓云从我邑西郊而起。

③复自道：即自复其道，自己归返本身的道行。道：田间的道路。

④牵：牵连。

⑤舆：车。说：用作"脱"。辐：车轮上的辐条，这里指车轮。

⑥孚，古俘字。血去惕出：抛弃忧虑，排除惊恐。血，通"恤"，忧虑。惕，警惕。

⑦挛（luán）：拘系，捆绑。如：样子。富以其邻：与邻人同富。以，与。

⑧既雨既处：天已降雨，雨已停息。处，止。

【译文】

小畜卦：吉利。浓云密布却不降雨，云气从我邑西郊升起，终归会下起大雨。

初九，沿田间道路返回，没有什么灾祸。吉利。

九二，拉回来。吉利。

九三，像车身与车辐相脱离那样，夫妻反目为仇而离异。

六四，捕获了俘虏，排除了忧患，但仍须保持警惕，如此必无灾祸。

九五，有携手共进的诚信，与邻人共同殷实富有。

上九，雨已降下，又已停止，还可以栽种作物。女子占问得到凶兆。月亮已是接近十五时的满月，君子离家出行，贞兆凶险。

【解读】

本卦卦义为小有积蓄，卦型象意为风行天上，内涵作用为准备待时，代表显示为以小畜大。干健而欲一往直前，巽以柔顺而止其进，柔可克刚，似有效力。

"风行天上"，雨比恩泽，恩泽未下；风比德教，德教在上未及下，故皆为《小畜》之象。本卦的卦旨在于说明，事物发展过程中"小畜大"与"阴畜阳"的道理。

同时又着重阐明因应一时困顿的原则，在成长的过程中，往往因力量不足，发生停滞不前的现象，但并不足以阻止行动，而是在蓄积整顿，为下一步行动做准备。因而，应坚定信念，一本初衷，为实现自己的理想，全力以赴；应本中庸的原则，刚柔并济，精诚团结，共同奋斗。应断然解除一切羁绊，应以诚信为感召，自助助人，才能结合所有力量，获得一切支援，达到实现理想的目的。

最后再以盈满告诫，不可贪得无厌，必须适可而止，蓄积过度丰盛，因满招损，反而凶险。

本卦虽以阴为主爻，但是，仍以"扶阳"为根本归宿。

履卦第十

履 ䷉ 天泽
履

【原文】

履[①]：履虎尾，不咥人，亨。

初九，素履[②]，往无咎。

九二，履道坦坦，幽人[③]贞吉。

六三，眇能视，跛能履，履虎尾咥人，凶；武人为于大君。[④]

九四，履虎尾，愬愬[⑤]，终吉。

九五，夬[⑥]履，贞厉。

上九，视履考祥[⑦]，其旋元吉。

【注释】

①履：卦标题。原经文卦象后无"履"字。履的意思是踩踏，引伸为行为和行为准则。由于"履"字在本卦中出现次数多，所以用它作为标题。全卦内容主要讲人的行为修养。

②素：质朴无华。履：此为谨慎行走的意思。

③幽人：安适恬淡之人。

④眇：目盲即眼不能视。武人：勇武之人。为：作为。大君：君王，天子。

⑤愬愬（sù）：恐惧的样子。

⑥夬（guàn）："快"的本字，意思是快速。夬履：意思是行为莽撞急躁。

⑦视：察看，审视。视履：意思是行为审慎。祥：此指吉凶祸福的征兆。旋，返。

【译文】

履卦：象征谨慎行走。行走时不慎而踩住了老虎尾巴，老虎却不咬人，亨通顺利。

初九，行为清正纯洁，如此下去，没有灾祸。

九二，为人处世胸怀坦荡，即使无故蒙冤也会有吉祥的征兆。

六三，目盲却偏要观察，足跛却偏要行走，结果踩住了老虎尾巴，老虎就咬起人来，占问此爻必有凶险；勇武之人治理政事。

九四，行走时不慎踩了老虎尾巴，内心要保持警惕谨慎，最后总能获得吉祥。

九五，贸然前行，不顾一切，占问有危险。

上九，行为小心谨慎，反复仔细考虑，大吉大利。

【解读】

本卦卦义为践履履行，卦型象意为上天下泽，内涵作用为以礼济危，代表显示实践力行。上干刚强，下兑柔和，以柔克刚，以礼济危。面对任何危险，采取和缓柔顺，气定神闲态度予以因应。

泰卦第十一

泰 地天
泰

【原文】

泰①：小往大来②，吉，亨。

初九，拔茅茹以其汇③；征吉。

九二，包荒④，用冯河，不遐遗；朋亡，得尚于中行。

九三，无平不陂，无往不复；艰贞，无咎，勿恤其孚，于食有福。⑤

六四，翩翩，不富以其邻，不戒以孚。⑥

六五，帝乙归妹，以祉，元吉。⑦

上六，城复于隍⑧；勿用师，自邑告命，贞吝。

【注释】

①泰：本卦标题。泰的意思是交通和畅，卦象为表示地的"坤"和表示天的"乾"相叠加，以示阴阳交通和畅。全卦内容主要讲对立面的相互转化。

②小往大来：失去的小，得到的大。

③茹，以其汇：意为草根牵连其同类。一种可作红色染料的草。

④包：用作"枹"，指枹瓜。荒：大川。包荒：将枹瓜挖空（用来绑在身上渡河）。

⑤陂：山边、水旁倾斜之处。艰贞：占问患难之事。勿恤其孚：不必忧虑返还。恤，忧。孚，返回。于食有福：有口福之吉。

⑥翩翩：鸟疾飞的样子，比喻人举止轻浮。戒：戒备。孚：同俘。

⑦帝乙归妹：帝乙嫁女。帝乙，殷代最后第二个帝王，纣王的父亲。归，女子嫁人。妹，少女。以祉：以之祉，意为因此而得福。以，因。之，代"帝乙归妹"。祉，福。

⑧城复于隍：城墙倾倒在城壕之中。隍：没有水的护城濠（有水的护城濠叫池）。

【译文】

泰卦：由小利转为大利，吉利亨通。

初九，拔掉茅茹草，按它的种类特征来分辨。前进，吉利。

九二，如果有包容大川的胸怀，则可以涉越江河，对患难的朋友也无所遗忘，互帮互助一路前行。

九三，没有只平直而不倾斜之地，也没有只出行而不再次返还的人；此爻占问患难之事，没有灾祸。不为复返而忧虑，如此，则吉。

六四，往来翩翩，举止轻浮，因不与其邻人共同富有，因不加戒备而被俘。

六五，殷王帝乙把女儿嫁给周文王，因此得福，大吉大利。

上六，城墙被攻破，倒塌在城濠中。从邑中传来命令，要停止进攻。占问得到不吉利的征兆。

【解读】

本卦卦义为安吉亨通，卦型意为天地交泰，内涵作用为融合无间，代表显示为太平康泰。无论国事、家事、人事，均逞顺利，亲密融合，圆满无间，此时更应待人以诚、做事讲信，切莫玩弄权术阴谋，天下必定安泰太平。

创业固然艰难，守成更加不易，不可以既有成就为满足，唯有精诚团结，力求发展，始可不断开创新局面。应知物极必反，唯有坚持理想，才能突破。居安应当思危，不可轻举妄动，应以促进团结为本，态度光明磊落，把握中庸原则，兼容并蓄，刚柔相济，选贤用能，修明政治，于安定中要求进步。当盛极而衰，颓势不可抗拒时，唯有因势利导，使损失减少到最低限度。

否卦第十二

否 ䷋ 天地否

【原文】

否：否之匪人，不利，君子贞；大往小来。①

初六，拔茅茹，以其汇②；贞吉，亨。

六二，包承③，小人吉；大人否，亨。

六三，包羞④。

九四，有命，无咎，畴离祉。⑤

九五，休否，大人吉；其亡其亡，系于苞桑。⑥

上九，倾否⑦；先否后喜。

【注释】

①否：本卦的标题。原经文卦象后无"否"字。否的意思是闭塞，不好，与"泰"的意思相反。卦象是表示天的"乾"和表示地的"坤"相叠加，以示阴阳阻塞，不相通畅。全卦内容仍然是讲对立面相互转化的道理。

②茹以其汇：草根牵连其同类。

③包承：被包容并顺承尊者。承：用作"普"，意思是肉。

④包羞：被包容而居下，终致羞辱。羞：即"馐"的本字，意思是美味。

⑤命：君命；畴：众人。离：归附。祉：福。

⑥休否：闭塞止息。其亡：行将灭亡。系于苞桑：系在根扎得很深的桑树上。苞，丰。

⑦倾否：干坏事要倒霉。倾：覆灭，倒下。

【译文】

否卦：阻隔的是不应该阻隔之人，筮得此卦对君子不利，因为此时刚大者往外，弱小者来内。

初六，拔掉茅茹草，按它的种类特征来分辨。征兆吉利、亨通。

六二，庖厨中有肉，这对平民百姓是好事，对王公贵族算不上好事。

六三，被包容而居下，终致羞辱。

九四，君王有赏赐的命令，没有灾祸，但不知得到赏赐的人是谁。

九五，不要干坏事，王公贵族知道就好。多么危险呵，国家命运就像系在苞草和桑枝上一样。

上九，干坏事要倒霉。先碰上恶运，最后还是可以交好运。

【解读】

《泰》、《否》二卦者，即《乾》、《坤》二卦也。《乾》、《坤》、《泰》、《否》四卦，是六十四卦之准则。

《序卦传》说："《泰》者通也，物不可终通，故受之以《否》。"物极必反，通畅之后，接着就是闭塞了。

《否》卦，阐释由安泰到混乱，由通畅到闭塞，小人势长，君子势消的黑暗时期终于到来的应对原则。当此反常时期，君子应当提高警觉，巩固团结，坚定立场，伸张正义，以防患于未然；但也应当觉悟，泰极而否，为必然现象，人力难以挽回，坦然接受，先求自保。

小人恬不知耻，一旦得势，无所不用其极，尤其应当时刻警惕，避免遭受伤害，无谓牺牲。

当小人势力显露衰败迹象时，也不可轻举妄动，必须谨慎，集中力量，把握时机，给以致命的一击。更应当特别防范，小人穷凶极恶的反击，否极必然泰来，黑暗不会长久，应当坚定信心，不必动摇。

同人卦第十三

同人 天火
同人

【原文】

同人^①：同人于野，亨；利涉大川，利君子贞。

初九，同人于门^②，无咎。

六二，同人于宗^③，吝。

九三，伏戎于莽，升其高陵，三岁不兴。^④

九四，乘其墉，弗克攻，吉。^⑤

九五，同人，先号咷^⑥，而后笑，大师克相遇。

上九，同人于郊，无悔^⑦。

【注释】

①同人：本卦的标题是同人。原经文卦象后没有"同人"二字。同
的意思是聚合，同人就是聚合众人。由于"同人"二字出现的次数多，
本卦用来作标题。全卦的内容专门讲作战打仗。

②于门：在门外。

③宗：宗族之人。

④伏戎于莽：预设伏兵于树丛之中。伏，埋伏。戎：军队。莽：茂
密的树林草丛。升：登上。岁：年。兴：指兴兵征战。

⑤乘其墉：攻占城墙，乘：登上。墉：城墙。弗克攻：不能进攻。
克，能。

⑥号咷（hǎo táo）：嚎啕，大声哭喊。

⑦悔：困厄。

【译文】

同人卦：象征人事和同。在旷野之中与人和同亲近，亨通顺利。有
利于涉越大川巨流，有利于君子。

初九，打破门户之见，与人亲近和同，必无灾祸。

六二，在宗庙聚集众人，不吉利。

九三，把军队隐蔽在密林草丛中，并占领了制高点，但却长时间不能取胜。

九四，登上敌方的城墙，仍然没有把城攻下。吉利。

九五，与人和睦亲近，起先失声痛哭，尔后又放声大笑，原来是大军出征告捷，各路军马相遇会合，同庆胜利。

上九，在郊外聚集众人没有悔咎。

【解读】

本卦卦义为交游交友、卦型象意为天与太阳，内涵作用为求同相知，代表显示为大同世界。结合志同道合者，遵循君子之道，相与相知。无私无我。感情和睦，意见一致。汇集众智，团结力量。广扩胸襟、光明正大。无朋党行为，无问户私见。乃理想之大同世界，亨达通泰。

《序卦传》说："物不可以终否，故受之以《同人》。""同"，是会同、和同，突破闭塞的世界，需要人和人之间的和谐。

《同人》卦，阐释和同的原则，否极终于泰来。然而，安和乐利的大同世界并不会凭空到来，仍然需要积极追求，首先应当破除一家一族的私见，重视大同，不计较小异，以道义为基础，于异中求同。

大有卦第十四

大有 ䷍ 火天
大有

【原文】

大有①：元亨。

初九，无交害②，匪咎；艰则无咎。

九二，大车以载，有攸往，无咎。

九三，公用亨于天子，小人弗克。③

九四，匪其彭④，无咎。

六五，厥孚交如⑤，威如，吉。

上九，自天祐⑥之，吉无不利。

【注释】

①大有：大有是本卦标题。有的意思是丰收，大有就是大丰收。全卦的内容同农业丰收有关。

②无交害：没有涉及利害。

③公用亨于天子：公侯向天子进献贡品。亨，通"享"，此指向天子进献的贡品。克：能。

④彭：盛大。

⑤厥孚交如：用其诚信结交上下。厥，其。威：威严。

⑥祐：佑助，保佑。

【译文】

大有卦：大亨大通。

初九，不要互相侵害，没有灾祸。即使天旱，也没有灾祸。

九二，用大车运载财货，无论运往何处，都不会有散失。

九三，公侯按时向天子进献贡品，小人做不到这一点。

九四，十分富有但却不自骄，则无灾祸。

六五，把抓到的俘虏紧紧捆住，但还是气势汹汹，不肯屈服。

吉利。

上九，上天保佑。吉利，没有不吉利

【解读】

《序卦传》说："与人同者，物必归焉，故受之以《大有》。""大有"是大的所有，亦即伟大事业的意思。

《大有》卦阐释成功后的因应原则。当天下和谐共处之后，就足以领导万民，完成伟大事业。但这一卦，卦名虽然是大有收获，却以满而不可溢的道理，谆谆告诫。当拥有权势与地位，又具备领导才能，却不可骄傲，踌躇满志，得意忘形。应知戒慎恐惧，光明磊落，刚健而不失中正。当礼贤下士，谦虚自我克制，诚信沟通上下，以威信确保秩序，顺应自然，以善意与人和同，满而不溢，才能使人心悦诚服，获得成功。

杨万里在《诚斋易传》中说："六爻亨一，吉二，无咎三。明主在上，群贤毕集；无一败治之小人，无一害治之匪德。"充分说明《大有》卦象征"盛世明治"的一个重要方面。

谦卦第十五

谦 地山谦

【原文】

谦①：亨，君子有终②。

初六，谦谦③君子，用涉大川，吉。

六二，鸣谦④，贞吉。

九三，劳谦⑤，君子有终，吉。

六四，无不利，㧑谦。⑥

六五，不富，以其邻利用侵伐⑦，无不利。

上六，鸣谦，利用行师⑧、征邑国。

【注释】

①谦：谦是本卦标题。谦的意思是谦虚、谦让。全卦内容主要讲道理上的谦虚、谦让，并且"谦"字多次出现，所以用它来作标题。

②有终：拥有好结果，有所成就。

③谦谦：谦而又谦，即非常谦虚。

④鸣谦：谦虚之名传扬外界。

⑤劳谦：有功而能谦虚。劳：勤劳，刻苦。

⑥㧑（huī）谦：发挥谦虚之德。裂，引申为发挥。

⑦利用侵伐：宜用讨伐。侵伐：这里的意思是讨伐敌人。

⑧行师：出兵作战。

【译文】

谦卦：象征谦虚。只要谦虚地待人接物，做事必然亨通顺利；然而只有君子才能自始至终保持谦虚美德。

初六，谦虚再谦虚是君子应当具备的品德。有利于渡过大江大河，吉利。

六二，明智的谦让。吉祥的占卜。

九三，因谦让而劳累有功而不骄，君子保持这种美德到最后，必获吉祥。

六四，只要把握好谦让的分寸，行事便无所不利。

六五，与邻国同遭侵略，则应共同反击。如此，无往而不利。

上六，明智而谦让，有利于出兵讨伐邑国。

【解读】

本卦卦义乃谦虚，卦型象意为地中有山，内涵作用为有容乃大，代表显示为自处均衡。山至高，而愿下置于地乃至卑、谦之象。人者能谦，亨通畅达，何往不利。若其居卑地，则人不敢侮，更敬重有加。谦谦君子之所以有终也。若其居尊位，则为人景仰，其德愈光。

《序卦传》指出："有大者，不可以盈，故受之以《谦》。"亦即，有伟大成就的人，不可以自满，必须谦虚。

谦虚，并非消极的退让，而是积极的有所作为，重心在"裒多益寡"、"称物平施"。唯有平等，才能获得真正和平。谦虚的动机，必须纯正，才能赢得共鸣与爱戴。只求耕耘，不问收获的态度，居上位而能发挥谦虚的精神，足以骄傲而不骄傲，能够以德服人，才称得上谦虚。

豫卦第十六

豫 ䷏ 雷地豫

【原文】

豫①：利建侯行师。②

初六：鸣豫③，凶。

六二：介于石，不终日④，贞吉。

六三：盱⑤豫，悔；迟有悔。

九四：由豫，大有得；勿疑，朋盍簪。⑥

六五：贞疾，恒⑦不死。

上六：冥豫成，有渝无咎。⑧

【注释】

①豫：豫是本卦标题。豫的意思是犹豫、疑虑和预计、熟虑。全卦内容主要讲人的思想行为。豫既是多见词，又与内容有关，所以用它来作标题。

②建侯；授爵封侯。行师：兴兵征伐。

③鸣豫：喜逸豫好欢乐而扬名于外。

④介于石：比磐石还坚贞。介，中正坚定。于，比。不终日：不待终日。

⑤盱（xū）：张目，形容媚上之相，意思是缓慢。

⑥由：从，借助，依赖。盍簪：合拢，合聚。盍，合。簪，古代系绾头发的首饰。

⑦恒：长久。

⑧冥：晚上。这里引申为昏乱、盲目。渝：变故。

【译文】

豫卦：有利于封侯建国，出兵作战。

初六，白天做事犹豫不决，凶险。

六二，德行坚贞胜过磐石，不等一天终结就悟出过分欢悦之患，占问定获吉祥。

六三，媚眼向上以求取受宠之欢乐，定遭困厄；如果执迷不悟，也会陷入困境。

九四，经商先犹豫不决，反复考虑觉得会有大收获，便不再疑虑。后来把得到的朋贝制成头饰。

六五，占问疾病，会痊愈并长久不死。

上六，尽管已经养成盲目纵情作乐之恶习，如果能及早改正，仍没有灾祸。

【解读】

本卦卦义为坤顺震动、卦型象意为雷行地面，内涵作用为和乐行志。代表显示为愉悦畅快。时刻自我检讨，依据正道而行，行而有则、建功宜业、顺理而动、言而有信。人心乐从、亦即动合人心、致豫之由也。

本卦通过鸣豫、盱豫、由豫、冥豫等一系列概念，阐述了中国人的快乐原则：真正的快乐是众乐而非独乐。快乐容易丧志沉溺，必须高瞻远瞩，居安思危，不可在快乐中迷途，否则便将乐极生悲，陷于方劫难复之境。

随卦第十七

随 ䷐ 泽雷随

【原文】

随^①：元亨，利贞，无咎。

初九，官有渝，贞吉；出门交有功。^②

六二，系小子^③，失丈夫。

六三，系丈夫，失小子，随有求得，利居贞。^④

九四，随有获，贞凶；有孚在道，以明^⑤，何咎。

九五，孚于嘉^⑥，吉。

上六，拘系之，乃从维之；王用亨^⑦于西山。

【注释】

①随：本卦标题。随的意思是顺从，相随。

②官：古"馆"字，指馆舍，旅馆。渝，改变。交：与人交往。

③系小子：倾心依从小人。系，系属，引申为倾心依从。

④随有求：追随别人而有所求。居：居处。

⑤有孚在道：在诚信之心而持守正道。以明：以光明正大立身。

⑥孚于嘉：施诚信给美善者。嘉，美善。

⑦拘系：囚禁。从维：释放。从，即"纵"。亨：祭享。亨，通"享"。

【译文】

随卦：大吉大利，吉利的占卜，没有灾祸。

初九，旅馆中发生了变故，但占得吉利。出门同行互相帮助有好处。

六二，一心依附柔顺的小人，就会失掉刚直的丈夫。

六三，一心依附刚直的丈夫，摆脱柔顺的小人，追从他人，有求必得，有利于居住之事。

九四，追从他人而有所获，有凶险。但是心怀诚信而持守正道，而且又光明正大，还会有什么灾难呢?

九五，将诚信给予美善之人，可获吉祥。

上六，身陷图圄，仍有人追随，可鉴其心诚。

【解读】

本卦阐述了追随的原则：在人际追随交往中必须破除门户之见，唯善是从；追随他人的动机必须纯正，应以大众的利益为依归，不能贪图个人享受；对正道的追求必须至诚、执着，不能朝秦暮楚。只有上下一心，精诚团结，社会的安乐才有保障，社会的进步才有希望。

蛊卦第十八

蛊☶☴ 山风蛊

【原文】

蛊①：元亨，利涉大川；先甲三日，后甲三日。②

初六，干父之蛊，有子，考③无咎，厉，终吉。

九二，干母之蛊，不可贞。④

九三，干父之蛊，小有悔，无大咎。

六四，裕⑤父之蛊，往见吝。

六五，干父之蛊，用誉⑥。

上九，不事王侯，高尚其事。⑦

【注释】

①蛊：卦名。蛊的意思是"事"。全卦的内容主要讲儿子继承父业的事。由于蛊是全卦中的多见词，所以用它来作标题。

②先甲三日，后甲三日：这是占问日期。古人记录时间的方法是，每年十二个月，每个月分三旬，每旬为十天，这十天依次用甲、乙、丙、丁、戊、己、庚、辛、壬、癸十个字表示。按照这种方法，先甲三日就是辛日，后甲三日就是丁日。

③干：匡正，纠正。蛊：这里是过失的意思。考：父亲或亡父。

④贞：正，引申为干涉。儿子不能干涉母亲的闺房之事。所以说："不可贞"。

⑤裕：这里是纵容、姑息的意思。

⑥用誉：得到赞誉。

⑦高尚其事：其事，指专心治家，与"事王侯"相对。高尚，即以专心治家为高尚之事。

【译文】

蛊卦：象征拯弊治乱。大为亨通，有利于涉过大川巨流。经过一段时间的观察思考，就会明白应如何去做。

初六，能继承父亲的事业，就是孝顺的儿子。没有灾难，虽有危险，结果还是吉利。

九二，继承母亲的事业，吉凶无法占问。

九三，改正父辈的过失，尽管会遭到小的困窘危难，但是没有巨大灾难。

六四，姑息纵容父辈的过错，有所举动定会遭遇艰难。

六五，继承父亲的事业，得到了赞誉。

上九，不为国君公侯服务，一心看重继承父业，以专心治家为高尚之事。

【解读】

本卦阐述了整治腐败的原则和方法。面对乱世，才德之士不可坐以待亡，而应该及时奋起，有所作为，施展其抱负。但每一行动，都应该有周密的安排，先计而后行，作好艰苦奋斗的思想准备。不要过多地谴责过去，而应该致力于未来的规划。革除腐败既不能姑息养奸，也不能过于刚烈，应不拘一格任贤用能，也应尊重那些不愿涉足世事的高士才子，推崇他们的不世之学。只有这样，才能扶大厦于既倒，重新开创新的太平世界。

临卦第十九

临

【原文】

临①：元亨，利贞；至于八月有凶。

初九，咸临②，贞吉。

九二，咸临，吉无不利。

六三，甘临，无攸利；既③忧之，无咎。

六四，至④临，无咎。

六五，知⑤临，大君之宜，吉。

上六，敦⑥临，吉，无咎。

【注释】

①临：本卦标题。临的意思是从高处往下看和治理。全卦内容主要讲治民之术。

②咸临：胸怀感化之心临于百姓。咸，通"感"。

③甘：借为钳，钳制。既：已经。

④至：下。

⑤知：通"智"。

⑥敦：敦，敦厚诚实。

【译文】

临卦：大吉大利，占问得吉利。到了八月天旱，有凶兆。

初九，心怀感化之心治民，可获吉祥。

九二，用温和政策治民，没有什么不吉利。

六三，用钳制的政策治民，并没有什么好处。如果已经忧惧自己的过错而加以修正，没有灾祸。

六四，亲自处理国事，没有灾祸。

六五，选用贤能来治民，必获吉祥。

上六，以敦厚诚实治民，没有灾祸。

【解读】

本卦通过咸临、甘临、至临、知临、敦临等五个概念，系统地阐述了领导的原则：作为领导者，应以高尚的人格感召他人；以刚毅中正、恩威并重的方法领导他人；不可以把诱骗作为统治他人的手段；以亲身践履的态度与人民共呼吸；注意选拔贤能之士，奉行以仁为本的施政方针。如此，则天下咸宁，人民悦服，斯为长治久安之道。

观卦第二十

观☳☷ 风地
观

【原文】

观①：盥而不荐②，有孚颙若。

初六，童③观，小人无咎，君子吝。

六二，窥观④，利女贞。

六三，观我生，进退。⑤

六四，观国之光，利用宾于王⑥。

九五，观我生，君子无咎。

上九，观其生⑦，君子无咎。

【注释】

①观：观是本卦标题。观的意思是观察、观看。

②盥：古代祭祖时用酒灌地迎神。荐：献，指祭祖时的献牲。

③童：幼童。这里用作状语，意为像幼童一样。

④窥规：暗中偷看。

⑤生：通"姓"。进退：指如何施政。

⑥用宾于王：以宾客之礼朝拜君王。宾：作宾客，这里指朝觐。

⑦其生：其他姓氏，指别的部落氏族。

【译文】

观卦：祭祀时灌酒敬神，不献人牲，因为作祭牲的俘虏头青脸肿，不宜敬神。

初六，幼稚地观察事物，庶民没有灾祸，君子则会做事艰难。

六二，暗中偷偷地观察盛景，有利于女性之卦。

六三，考察本地的民情，可以明白怎么施政。

六四，观察国家政绩大小，以选择可以朝觐的君王。

九五，体察亲族的意向，君子从政就不会有困难。

上九，体察其他部族的意向，君子从政就不会有困难。

【解读】

本卦通过"童观"、"窥观"、"观我生"、"观国之光"、"观其生"的系统分析，阐述了观察的原则和应有的作用，认为对于观察的要求及其方式因人而异；在上者的一举一动，都是在下者所注意的焦点，因而不可以轻举妄动，必须以道义展示于天下，才能获得人民的信仰与敬重；同时，在上者也要观察民情，不仅要观察自己领地的民情，也要观察他人领地的民情，在不断地自我反省和对他人的借鉴中逐渐地完善其政治。

噬嗑卦第二十一

噬嗑 ䷔ 火雷
噬嗑

【原文】

噬嗑①：亨，利用狱②。

初九，屦校灭趾③，无咎。

六二，噬肤④灭鼻，无咎。

六三，噬腊肉⑤，遇毒；小吝，无咎。

九四，噬干胏，得金矢⑥；利艰贞，吉。

六五，噬乾肉，得黄金；贞厉，无咎。

上九，何⑦校灭耳，凶。

【注释】

①嗑（hé）：本卦的标题。噬嗑的意思就是吃喝，读音和意义与"吃喝"一样。全卦内容是讲与饮食有关的事。噬嗑是卦中多见词，且与内容有关，所以用作标题。

②狱：刑狱。

③屦：即履，足。此用作动词，意为加在脚上。校：本制刑具。灭：伤。趾：脚趾。

④肤：皮肤。

⑤腊肉：意即像腊肉那样嚼。

⑥干胏：带骨的肉脯。得金矢：咬出黄铜来。金，即铜。下文"黄金"同此。

⑦何：用作"荷"，意思是负载。校：这里指加在脖子上的刑具枷。

【译文】

噬嗑卦：象征刑罚。亨通顺利，利于施用刑罚。

初九，足上戴着刑具，遮住了脚趾，没有灾祸。

六二，像撕咬柔软的皮肤一样轻易用刑，即使损伤了罪犯的鼻子，也不会遭受什么灾祸。

六三，吃干腊肉中了毒，出了小问题，但没有灾难。

九四，啃带骨头的干肉，发现肉中有铜箭头。占问旱灾，吉利。

六五，施用刑罚惩戒犯人，像吃干肉时发现黄铜一样，虽有危险，但却具有铜箭般的刚正之气，占问尽管有危险之兆，但却不会有什么灾祸。

上九，脖上戴着刑具，遮住了耳朵，凶险。

【解读】

本卦阐述了刑罚的原则，以及听讼、断狱的艰难。刑罚是确保政治安定、社会进步的必要手段，罪恶必须及早惩治，并不惜采取重罚主义，才能达到小惩大戒的目的，有效制止罪恶的蔓延。刑法既定，量刑必须恰当，因此，听讼必须仔细，断狱必须公正。治狱者需有刚正不阿、不惧权贵的铁骨，同时也要注意把握刚柔相济的原则。总之，威是治狱的基本手段，明是治狱的基本要求。

贲卦第二十二

贲 ䷕ 山火贲

【原文】

贲①：亨，小利有攸往。

初九，贲其趾，舍车而徒②。

六二，贲其须③。

九三，贲如濡④如，永贞吉。

六四，贲如皤如，白马翰如⑤；匪寇，婚媾。

六五，贲于丘园，束帛戋戋⑥；吝，终吉。

上九，白贲⑦，无咎。

【注释】

①贲：卦名。意思是装饰，文饰。

②徒：徒步行走。

③须：胡须。

④濡：本浸湿，润色。

⑤皤（pó）：白。翰：白。

⑥丘园：家园。帛：丝织品的总称。戋戋：少的样子。

⑦白贲：用白色来装饰。

【译文】

贲卦：象征文饰。亨通顺利，对柔弱者有所行动会吉利。

初九，把脚上穿戴好，不坐车而徒步行走。

六二，修饰者要美须。

九三，修饰之后再加以润色，如果坚持正道可以获得吉兆。

六四，一路奔跑，太阳晒得像火烧，白马昂头飞驰。不是来抢劫，而是来娶亲。

六五，女方修饰自己的家园，男方送上的礼品尽管只有一束丝帛，持家比较艰难，但是最后将获得吉祥。

上九，以白色装饰，定无灾祸。

【解读】

本卦阐述的是礼仪修饰的原则。制订文明的礼仪，规范个人的行为，这是社会安宁和谐的需要。然而，礼仪和修饰都应该恰如其分，适可而止，实质与外在形式之间，实质是第一位的。不可沉湎于外在形式的过分修饰，更不可因虚荣而铺张浪费以致创伤实质。应该懂得一切修饰都服务于实质，唯有内涵丰富的实质，才是礼仪修饰所追求的理想境界。

剥卦第二十三

剥 ䷖ 山地剥

【原文】

剥①：不利有攸往。

初六，剥床以足，蔑；贞凶②。

六二，剥床以辨③，蔑；贞凶。

六三，剥，无咎。

六四，剥床以肤④，凶。

六五，贯鱼以宫人宠⑤，无不利。

上九，硕果不食，君子得舆⑥，小人剥庐。

【注释】

①剥：剥是本卦标题。剥的意思是击打、分离、掉落。

②足：床腿。蔑：灭，伤。

③辨：床头。

④肤：这里指床上的席子。

⑤贯鱼以宫人宠：受宠爱的宫人鱼贯而来。贯鱼：射中了鱼。

⑥舆：大车。庐：房舍。

【译文】

剥卦：象征剥落。不宜有所行动。

初六，床足脱落了。不必占问，凶险。

六二，剥蚀大床已然损及床头，床头一定会遭到伤害，必有凶险。

六三，床离散了，没有灾祸。

六四，剥蚀大床的席子，凶险。

六五，宫人射中了鱼，得到参加祭祀的荣宠。没有什么不利。

上九，果实硕大却没有被摘食，君子摘食定会得到大车运载，小人摘食必会剥落房屋。

【解读】

　本卦阐述了处身腐败时期的应世原则。一味追求虚荣的礼仪修饰，必然导致腐败的产生。这一物极则反的规律，是人力所不能逆转的。

　　《红楼梦》中的王熙凤、探春，都意识到了这一点，并且在力所能及的范围内采取了一些措施，依然无济于事。历史上许多曾经显赫一时的帝国，亦莫能逃出这一规律。处在小人势盛，君子才歇的腐败时期，君子只有顺应时势，谨慎应付，谋求自保，以等待恶势力的自行消解，或者等待有才德的领袖人物出现，以结束这一腐败黑暗的时期。

复卦第二十四

复 ䷗ 地雷
复

【原文】

复①：亨。出入无疾，朋来无咎；反复其道，七日来复②。利有攸往。

初九，不远复，无祗悔③，元吉。

六二，休④复，吉。

六三，频⑤复，厉无咎。

六四，中行独复⑥。

六五，敦⑦复，无悔。

上六，迷复，凶，有灾眚。用行师，终有大败；以其国，君凶：至于十年不克征。⑧

【注释】

①复：本卦标题。复的意思是往返。全卦内容是讲行旅。"复"与内容有关，又是卦中多见词，所以用作标题。

②反复其道：返转回归于一定的规律。道：法则，规律。七日来复：周初以月亮盈亏记日，每月四期，每期七日。"七日"在此象征转化迅速。

③不远复：行而不远即复。祗（qí）悔：悔恨。

④休：美满。

⑤频：频繁。

⑥中行独复：居中行正，独自返还。中行：中途，半路。

⑦敦：敦促，迫促。

⑧迷复：误入迷途而求返还。灾眚：灾祸。行师：兴兵征伐。以：及。克：能。

【译文】

复卦：亨通。外出回家不会生病。赚了钱而没有灾祸。路上往返很快，七天就可以了。有利于出门。

初九，行而未远就适时回返，没有造成很大的悔恨，大吉大利。

六二，高高兴兴地返回，必获吉祥。

六三，频繁地返还，定有危险，但还不至于有什么灾祸。

六四，居中行正，自然回返。

六五，真心地回返，不会遭逢困厄。

上六，迷路难返，凶险，有灾难。出兵作战，结果将会大败，并连累到国君，凶险。十年都不能恢复作战能力。

【解读】

本卦通过"不远复"、"休复"、"频复"、"独复"、"敦复"、"迷复"等的系统分析，阐述了剥落腐败之后如何恢复元气走上正道的原则。认为要恢复元气，必须根绝以往的错误；恢复元气的工作必须在腐败刚开始还不很严重的时候，否则便积重难返；恢复中难免要犯错误，但必须及时改正并谨防一犯再犯；恢复时期往往吉凶难以意料，志士仁人应该坚定信念，为所当为，以迎接元气得以恢复的局面早日到来；至于那些执迷不悟逆潮流而动的人，决不会有好下场。

无妄卦第二十五

无妄 ䷘ 天雷
无妄

【原文】

无妄①：元亨，利贞；其匪正有眚②，不利有攸往。

初九，无妄，往吉。

六二，不耕获不菑畬③，则利有攸往。

六三，无妄之灾：或系之牛，行人之得，邑人之灾。④

九四，可贞，无咎。

九五，无妄之疾，勿药有喜。⑤

上九，无妄，行有眚，无攸利。

【注释】

①无妄：本卦的标题。妄的意思是乱，不正。无妄就是不要有不合正轨行为。

②其匪正有眚：不持守正道就会有灾异。匪，非，不。正，指正道。眚，灾祸。

③菑（zī）：新开垦的荒地。这里用作动词，意为开垦。畬（yú）：耕种了三年的熟地。

④无妄之灾：意想不到的灾祸。或：有人。系：拴。行人之得：路人顺手牵走据为已有。邑人之灾：邑中人家遭受缉捕的横祸。

⑤勿药：不治疗。有喜：古人称病愈为有喜。

【译文】

无妄卦：大亨大通，吉利的占问。如果思想行为不正当，就会有灾祸。不利于外出。

初九，不要有不合正道的行为，吉利。

六二，不耕耘却有收获，不垦荒而却有良田耕种，这种期望发展下去有何益处？

六三，遭遇到料想不到的灾祸：有人在某处拴了一头耕牛，路人顺手把它牵走据为己有，邑中人家将遭受缉捕的横祸。

九四，坚守正道，没有灾祸。

九五，得了病不胡思乱想，不吃药也会痊愈。

上九，不要妄行。妄行有灾，没有什么好处。

【解读】

本卦阐述的是不虚伪谬乱的道理，为人做事讲求真实，不虚伪谬乱，对于事业的成功是有利的，但是它并不确保在所有的场合都能一帆风顺，有时也会有意料之外的灾难光临；不虚伪、不谬乱是天地间、人世间的正理，为人处世，都应该刚健无私，讲究真实，不存非分的奢望，但也不能一味坚持己见而不知变；无妄走到了极端，同样寸步难行。

大畜卦第二十六

大畜 ䷙ 山天大畜

【原文】

大畜①：利贞；不家食②吉；利涉大川。

初九，有厉，利已③。

九二，舆说輹④

九三，良马逐，利艰贞。曰闲舆卫⑤，利有攸往。

六四，童牛之牿⑥，元吉。

六五，豮豕之牙⑦，吉。

上九，何天之衢⑧，亨。

【注释】

①大畜：本卦的作题。畜的意思是聚积，大畜就是积蓄很多。

②不家食：不在家里吃饭。

③已：停止。

④说：通"脱"。輹：钩住车轴的木头。

⑤逐：奔驰。闲：用作"娴"，意思是熟练，熟悉。卫：防止。

⑥童牛：犝牛，即公牛。牿：牛角上束的横木。

⑦豮（fén）豕，小猪。牙，木桩。

⑧何天之衢：何其畅达的通天之路。何；用作"荷"，意思是承受。衢：福禄。

【译文】

大畜卦：象征很有积蓄。有利之卦。不求食于家，而食禄于朝，定获吉祥。宜于涉逾大江大河。

初九，有危险，有利于祭祀神鬼。

九二，车身与车轴相分离。

九三，骏马在奔跑，利于艰难之事。整天练习车马防卫技能，宜于有所行动。

六四，用木架架住公牛的角，大吉大利。

六五，被阉割的小猪有牙不伤人，可获吉祥。

上九，得到上天的福祉，大吉大利。

【解读】

本卦阐述了蓄积的原则。最大的蓄积是蓄德积善，一个国家有了这种蓄积，则国运兴旺，社稷长存；一个人有了这种蓄积，则万事都能亨通，抱负得以施展。蓄积不仅有当进则进的一面，也有当止则止的另一面，只有准确地把握进与止，才是真正的蓄积。蓄德积善与防患止恶相辅相成；防患须于未然，止恶须于未形。不时正本清源，注重于对邪恶采取釜底抽薪的措施，才能确保仁、德之政的秩序。

倘若对蓄德积善作教条化的理解，疏于隐患的防范，以致隐患暴发罪恶泛滥，则虽有蓄德积善之仁政，亦属枉然。以致不得不大事杀戮，则已失仁、德之本意了。

颐卦第二十七

颐 ䷚ 山雷颐

【原文】

颐^①：贞吉；观颐，自求口实。^②

初九，舍尔灵龟，观我朵颐^③，凶。

六二，颠颐，拂经于丘颐，征凶。^④

六三，拂颐^⑤，贞凶，十年勿用，无攸利。

六四，颠颐，吉；虎视眈眈，其欲逐逐^⑥，无咎。

六五，拂经，居贞，吉，不可涉大川。

上九，由颐，厉，吉，利涉大川。

【注释】

①颐：本卦的标题。颐的意思是养育，同饮食营养有关。全卦内容主要讲养生之道。"颐"是卦中多见词，又与内容有关，所以用它作标题。

②口实：食物。

③尔：你。灵龟：指卜得的龟兆。古人认为龟不死而能长寿，是神物，所以龟甲行卜，并且称之为灵龟。朵颐：隆起的两腮。

④颠颐：两腮不停地抖动。拂经：颠倒事理。拂，逆，经，常理。于丘颐：向高丘上索取颐关。颐，颐养。征：兴兵出战。

⑤拂颐：违背颐养之道。

⑥逐逐：动得快的样子。

【译文】

颐卦：占得吉兆。考察事物的颐养现象，应当明瞭颐养之道是自食其力。

初九，丢弃你的美味龟肉，却观看我隆起的两腮，必有凶险。

六二，两腮不断地颠动，违背事理，向高处寻求颐养，兴兵征战定有凶险。

六三，违反颐养之道，则有凶险。十年之内不能施展才能，否则将没有什么好处。

六四，两腮不断地颤动，可获得吉祥。像猛虎那样双目圆睁虎视一切，急欲不断地获取食物必无灾祸。

六五，垦荒开田，有利于定居的占问。不能渡大江大河。

上九，从两腮看，尽管有危险，但仍会获得吉祥，利于涉过大江大河。

【解读】

本卦阐述了养育的原则。养育应靠自己，坚持"自力更生"，不应羡慕他人，更不可依赖他人，而应该运用自己的智慧和能力，不仅自养，还可以养人。养生应循常理，采取正当的手段；事非得已，亦可变通，求养于人，然须动机纯正。养育他人是一件值得称颂的善事，即便有危险，也应不遗余力坚持做下去。

人间正道是自己动手，丰衣足食；不劳动者不得食，不劳而获是遭天谴的行为。我们的老祖先深明这个大义，在这一卦中反复申明这个道理。

大过卦第二十八

大过 ䷛ 泽风
大过

【原文】

大过^①：栋桡^②；利有攸往，亨。

初六，藉^③用白茅，无咎。

九二，枯杨生秭，老夫得其女妻；无不利。^④

九三，栋桡，凶。

九四，栋隆，吉；有它，吝。^⑤

九五，枯杨生华，老妇得其士夫；无咎无誉。

上六，过涉灭顶^⑥，凶，无咎。

【注释】

①大过：本卦的标题。大的意思是太，大过就是太过。全卦的内容是讲一些过了头的事，标题是按内容取的。

②栋桡：大梁弯曲。桡，通"挠"，弯曲。

③藉：席，用作铺垫。

④秭：用作"荑"，意思是草木新生、发芽。女妻：幼妻。

⑤隆重：隆起，中间高起来。它：指意外情况。

⑥灭顶：水淹过头顶。

【译文】

大过卦：象征大有过越。大梁弯曲，利于有所行动，亨通顺利。

初六，用白茅铺垫以示恭敬，没有灾祸。

九二，枯萎的杨树重新发芽，老头儿娶了年轻女子为妻。没有什么不吉利。

九三，大梁弯曲，定有凶险。

九四，大梁隆起，可获吉祥。但是假如发生意外情况，则行事定会艰难。

九五，枯萎的杨树开放新花，年迈的老妪嫁了个年轻的美丈夫，尽管没有什么灾祸，但是也得不到赞誉。

上六，渡河涉水，水淹过了头顶，凶险，但没有灾祸。

【解读】

本卦阐述了在蓄积、壮大力量之后，为实现理想而以求一逞的行动原则。大的过渡，必然充满着危机，但是只要敬而慎之，便不会发生灾难；在过渡时期，应该不拘常规，团结一切可以团结的力量，寻求发展；倘若刚愎自用，孤家寡人，必然危险万分。应该注意周围环境的分析，不去做那些华而不实的表面文章。在不得不为的情况之下，明知不可为也得为之，即使失败，其精神仍然可嘉。

坎卦第二十九

坎 坎为水

【原文】

坎①：有孚维心亨②；行有尚。

初六，习坎，入于坎窞③，凶。

九二，坎有险④，求小得。

六三，来之坎坎，险且枕⑤，入于坎窞，勿用。

六四，樽酒簋贰，用缶，纳约自牖⑥，终无咎。

九五，坎不盈，祗⑦既平，无咎。

上六，系用徽纆，寘于丛棘，三岁不得，凶。⑧

【注释】

①坎：卦名。下坎上坎，象征重重险难。坎字的意思是险、陷。习坎，即重坎。习，重复。

②维：维系。

③窞（dàn）：双重坎坑。

④坎有险：陷穴中有凶险。

⑤来之坎坎：来去都处在坑穴之间。险且枕：坑穴既险又深。枕：通沈，深。

⑥樽酒：一樽薄酒。樽：装酒的器皿。簋贰：两簋淡食。簋（guǐ），古代盛谷物的竹器。缶：瓦器。牖（yǒu），窗。

⑦祗：应为"坻"，意思是小山丘。

⑧系用徽纆：系：捆绑。徽纆：绳索。三股叫徽，两股叫纆。

【译文】

坎卦：面对重重艰险，依然勇往直前，是高尚的。

初六，坎坑重坎坑，陷入重坑之中。凶险。

九二，坎坑有危险，为了小收获只得冒险。

六三，来来去去都处于险难之中，陷穴既险且深。一旦落入陷阱深处，暂时不宜施展才能。

六四，就像是将一杯薄酒，两筐淡食，用瓦罐盛起来，并且通过窗口递送，最后不会有什么灾祸。

九五，坎坑没有被填满，小山丘被挖平了。无灾祸。

上六，用绳索把犯人捆住，关进四周有丛棘的监狱中，多年还不能使犯人屈服。凶险。

【解读】

本卦阐述了身处陷险之境如何冲破艰险的原则。艰危难险时期，也正是体现人性光辉的时候，临危不惧意志坚定，对光明依然执著追求，这是崇高的行为。陷险绝非好事，因而尽量不要陷入；若已经陷入，则不可操之太急，而应稳步涉险，徐图解脱。陷入既深，更不可轻举妄动，而应寻求自保之策，静以待变。居于领导地位的人，应发挥自己的才能，以求化险为夷，帮助人民一起脱离险境；事关全局，更宜小心谨慎，稍有不慎，便将愈陷愈深，最终不能自拔。

离卦第三十

离 **离为火**

【原文】

离①：利贞，亨；畜牝牛②吉。

初九，履错然③，敬之，无咎。

六二，黄离④，元吉。

九三，日昃之离，不鼓缶而歌，则大耋⑤之嗟，凶。

九四，突如其来如⑥，焚如，死如，弃如。

六五，出涕沱若，戚嗟若⑦，吉。

上九，王用出征，有嘉折首，获匪其丑⑧，无咎。

【注释】

①离：本卦的标题。离的意思是"罹"，即遭遇灾祸。全卦内容主要讲战祸，标题与内容有关。

②牝牛：母牛。

③错然：谨慎、郑重的样子。

④黄离：黄色附着于物。

⑤日昃之离：日将落而附丽于西天。昃（zè）：太阳偏西。缶：陶制的乐器。大耋（dié）：老头儿。八十岁叫耋。

⑥突如其来如：指不孝之子突然返家。突，古称逐出之子为"突"。

⑦沱若：滂沱的样子，形容泪流满面或泪如雨下。若，样子。戚：忧伤。

⑧折：折服。首：首领。匪：用作"彼"。丑：众，这里指敌方。

【译文】

离卦：吉利的卜问，亨通。饲养母牛，吉利。

初九，处理事务谨慎郑重，态度恭敬，定无灾祸。

六二，用黄鹂占卜，大吉大利。

九三，黄昏时天空出现虹霓，人们齐声高叫，没有唱歌时的乐器伴奏，老人们悲哀叹息。这是凶兆。

九四，敌人突然闯进来，烧房子，杀人，摔孩子。

六五，泪如雨下，忧伤叹息。吉利。

上九，在王的率领下反击敌人，将有嘉国君斩首，抓获了很多俘虏。没有灾祸。

【解读】

本卦通过一个比较完整的寓言故事，阐述了追求光明的原则。光明是人类所追求的理想目标，但也受到与之相对应的黑暗的妒忌和干扰；所谓"皎皎者易污"，光明磊落也需要柔顺中正的品性相辅，才能为世人所接受；在光明磊落的行为受到侵扰时，必然会引起人们的同情与支持；但是，有时在光明磊落的背后却隐藏着黑暗和阴险，稍有不慎便会被其表面现象所迷惑而发生凶险。

当然，即使发生这种过错也不要紧，只要吸取教训，使自己的认识深化，便不仅能防患于未然，还能铲除隐藏在光明背后的黑暗与邪恶，获得真正的光明。

下　经

咸卦第三十一

咸 ䷞ 泽山咸

【原文】

咸①：亨，利贞；取女②吉。

初六，咸其拇。③

六二，咸其腓，凶；居吉。④

九三，咸其股，执其随⑤，往吝。

九四，贞吉，悔亡；憧憧往来，朋从尔思。⑥

九五，咸其脢⑦，无悔。

上六，咸其辅颊⑧舌。

【注释】

①咸：本卦的标题。咸的意思是受伤。全卦的内容主要是就梦中所见的生活琐事进行占问。标题的"咸"字是卦中多见字。

②取女：用作"娶"，即娶女。

③拇：大脚趾。

④腓：小腿肚。居：居家不出。

⑤股：大腿。执：执身。追随他人。执随：这里是执迷盲从的意思。

⑥悔亡：从困境中解脱出来。悔，困窘危险，这里指困境。亡，通"无"，消失。憧憧：心意不安，思绪不绝的样子。从：顺依。思：意愿，想法。

⑦脢：背上的肉。

⑧辅：意思是牙床骨。颊：面颊。

【译文】

咸卦：象征感应。亨通和顺，有利之卦，迎娶此女为妻，可获吉祥。

初六，脚大拇趾受了伤。

六二，小腿肚子受了伤，凶险。定居下来，吉利。

九三，大腿和大腿下部的肉受了伤。伤后出行，会遇困难。

九四，占问吉利，没有悔恨。人来人往，实现了赚钱的愿望。

九五，互相感应在喉间，就不会遭遇困厄。

上六，牙床骨、面颊和舌头都受了伤。

【解读】

本卦通过对男女情感发展的描述，阐述了人与人之间相互感应的原则。人与人之间的相感应该自然而然地发生，不可牵强造作；它是一个循序渐进的过程，不能妄动，更不可强求；人与人相互感应时，要保持独立人格，有主见、有原则，不可盲从；心地必须纯正，感情出乎自然，人们便会主动接近你追随你；处于高位时仍应保持中正待人之心，与民众保持广泛的联系和沟通；只要坚持不懈地遵循这些原则，人与人之间的思想情感便一定能沟通，人与人之间就能建立起和衷共济、亲密无间的友好关系。

恒卦第三十二

恒 雷风恒

【原文】

恒①：亨，无咎，利贞，利有攸往。

初六，浚②恒，贞凶，无攸利。

九二，悔亡。

九三，不恒其德，或承之羞③；贞吝。

九四，田无禽。④

六五，恒其德，贞；妇人吉，夫子⑤凶。

上六，振⑥恒，凶。

【注释】

①恒：本卦的标题。恒的意思是久常。全卦内容是日常生活和生产上的事。

②浚（jùn）：深，久。

③承：奉送。羞：即"馐"，意思是美味。

④田：田猎即打猎。禽：泛指禽兽。

⑤夫子：男人。

⑥振：振动，动荡。此指不能持恒守德。

【译文】

恒卦：亨通，没有灾祸，吉利的占问。有利于出行。

初六，有所追求，持续得过于恒久，定有凶险，没有什么益处。

九二，筮得此爻，危厄将会消失。

九三，不能长期保持美德，有时就会蒙受耻辱，行事艰难。

九四，田猎打不到禽兽。

六五，经常有所获。占问结果，女人吉利，男人凶险。

上六，动荡不止。凶险。

本卦以夫妇关系为隐喻，阐述了恒守常道的原则。

认为恒守应以纯正的动机为前提，以顺乎自然、出乎自愿为原则；奉行中庸之道，就能团结同人，相依相助；遵守常道必须持之以恒，不可半途而废；一个人、一个家庭、一种事业的成功，不仅与有无守恒之心相关，也与所处地位是否恰当有关；常道既有多样性，又有质的规定性，不同的立场所恒守的常道便不一样；对应该坚持的常道，应坚持到底不动摇。

这些原则，不仅是夫妇之道，也是普通的为人处世之道。

遁卦第三十三

遁 ䷠ 天山遁

【原文】

遁①：亨，小利贞。

初六，遁尾②；厉，勿用有攸往。

六二，执③之用黄牛之革，莫之胜说。

九三，系④遁，有疾厉；畜臣妾，吉。

九四，好⑤遁，君子吉，小人否。

九五，嘉遁⑥，贞吉。

上九，肥⑦遁，无不利。

【注释】

①遁：卦名。意思是隐退。全卦的内容与政治斗争有关。遁是卦中多见词，又与内容有关，所以用作标题。

②遁尾：末尾，意为退避迟缓而落在后边。尾：全部，尽。

③执：抓住捆绑。

④系遁：心中有所顾恋，而迟迟不能退避。系：拖累，拘系。

⑤好：指心怀恋情而身已退避。

⑥嘉遁：指相机而动，时机嘉美。

⑦肥：用作"飞"。肥遁的意思是远走高飞。

【译文】

遁卦：象征避退。亨通顺利，有利于执守正道。

初六，君子全部隐退，危险。不利于出行。

六二，用黄牛皮绳把马绑住。它不可能逃脱。

九三，心中有所牵挂，迟缓而不能适时退避，定有危险；而蓄养臣仆和侍妾，则可获吉祥。

九四，尽管心中怀有恋情，但是已经适时退避，这一点只有君子才能够做到，而小人则办不到，所以君子可以获吉，小人则不会吉利。

九五，选择最好的时机，及时退避，可获吉祥。

上九，远走高飞隐藏起来，没有什么不利。

【解读】

本卦通过遁尾、系遁、好遁、嘉遁、肥遁等概念，系统地阐述了退避（或曰隐退）的原则。

认为应当隐退的时候不可迟疑；当已经失去退隐机会时不可躁急盲动；退隐的主意既定，就不宜再有动摇；退隐时不可瞻前顾后，应该退隐又一时难以退隐时更要谨慎涉世；退隐时倘能自我克制摈除所好，是一件一般人难以做到的事情；倘若身居尊位仍能从容退让超然归隐，则更加难能可贵；退让并非绝对消极，运用得当便能退中有进，而且能收到无处不能进的效果。

大壮卦第三十四

大壮 ䷡ 雷天
         大壮

【原文】

大壮①：利贞。

初九，壮于趾②，征凶；有孚。

九二，贞吉。

九三，小人用壮，君子用罔；贞厉，羝羊触藩，羸其角。③

九四，贞吉，悔亡；藩决不羸，壮于大舆之輹④。

六五，丧羊于易⑤，无悔。

上六，羝羊触藩，不能退，不能遂⑥，无攸利；艰则吉。

【注释】

①大壮：本卦的标题。壮的意思是强健。

②趾：脚趾。壮：用作"戕"，意思是伤。

③小人用壮，君子用罔：小人仗持盛壮以逞刚强，君子盛壮而不用。罔：无，不。羝羊触藩，羸其角：公羊强顶藩篱，羊角必然被绳索缠绕。羝羊，公羊。羸，大绳索。

④輹：用作"辐"，这里指车轮。

⑤易：通"埸"，田边。

⑥遂：进。

【译文】

大壮卦：象征刚大盛壮。利卦。

初九，脚趾受了伤。出行，凶险。有所收获。

九二，吉祥之卦。

九三，小人倚仗盛壮以逞刚强，君子则虽然盛壮而不妄用；此卦凶险，就像公羊强顶藩篱，羊角定然被绳索所缠绕。

九四：占得吉兆，没有悔恨。公羊撞破篱笆，摆脱了羁绊，又撞在大车轮子上受了伤。

六五，在田边丢失羊，不会遭逢困厄。

上六，占得吉兆，没有悔恨。公羊撞破篱笆，摆脱了羁绊，又撞在大车轮子上受了伤。

【解读】

本卦阐述了壮大的运用原则。壮大是衰退的反面，本属好事，然而因为壮大，往往滋生自负横暴、冒失躁进的思想和行动，所以当壮大之时更须克制自己，培养中庸德性，及时补救过失使之中正。无论统治者还是平民百姓，都不能挟壮自持，否则便会走向反面。

当然，有大抱负者，仍须及时进取；在必要之时，亦须用强。在壮极而衰之时，一方面要审慎行动，另一方面也要善于利用既有的壮势完成自己的业绩。

晋卦第三十五

晋 **☲☷** 火地
晋

【原文】

晋①：康侯用锡马蕃庶，昼日三接。②

初六，晋如摧如，贞吉；罔孚，裕无咎。③

六二，晋如愁如，贞吉；受兹介福，于其王母。④

六三，众允⑤，悔亡。

九四，晋如鼫鼠⑥，贞厉。

六五，悔亡，失得勿恤⑦；往吉，无不利。

上九，晋其角，维用伐邑，厉吉，无咎；贞吝。⑧

【注释】

①晋：本卦的标题。晋的意思是前进，指作战中的进攻。

②康侯用锡马蕃庶：尊贵的公侯得到天子赏赐的车马众多。康侯：指周武王的弟弟康叔封。锡，通"赐"。马，此指车马。蕃庶：众多。蕃，"繁"；庶，众多。

③摧：摧毁，打垮。罔：无。孚：抓，抢夺。裕：这里指财物。

④受兹介福于其王母：从祖母那里接取弘大的福泽。介，大。王母，祖母。

⑤允：信任。

⑥鼫（shí）鼠：大鼠。又称五技鼠。这里用来形容胆小如鼠。

⑦恤：担忧，气馁。

⑧角：兽角，此喻进长至极。维：考虑。用：宜。

【译文】

晋卦：象征晋升。高贵的公侯获得天子赏赐的众多车马，并在一天之中蒙受三次接见。

初六，进攻打垮敌人、占得吉兆。没有抢夺财物，没有灾祸。

六二，进攻迫降敌人，占得吉兆。获得这样的福祐，是受了祖母的庇护。

六三，获取众人的信任，危险将会消亡。

九四，晋升如果没有一技之长，定有危险。

六五，困窘危难消除，无须忧虑，有所举动必致吉祥，无所不利。

上九，进攻敌人必须较量力量，可以考虑攻打敌方城邑。凶险，吉利，没有灾祸，占得险兆。

【解读】

本卦阐述了进取的原则。晋卦所讲的进取，与《升》、《渐》所讲的进取，意义不同。《晋》之进乃日之东升，明德自昭，为万民谋福之义，较《升》、《渐》之义更优。

本卦认为，积极进取以求发展，须动机纯正，即便失败也问心无愧；不能忧虑于一时的得失，而宜把握中正的原则；求上进，须以得到群众拥护为前提；前进时不可贪得无厌，不可存侥幸心理，而应谨慎从事，不能在发生偏差之后再去纠正。

明夷卦第三十六

明夷 ䷣ 地火明夷

【原文】

明夷①：利艰贞。

初九，明夷于飞②，垂其翼；君子于行，三日不食。有攸往，主人有言③。

六二，明夷④；夷⑤于左股，用拯马壮⑥，吉。

九三，明夷于南狩⑦，得其大首⑧；不可⑨疾，贞。

六四，入于左腹⑩，获明夷之心⑪，于出门庭。

六五，箕子之明夷⑫，利贞。

上六，不明晦；初登于天，后入于地。

【注释】

①明夷是本卦的标题。明夷在卦中有三种意思：一指鸣，即叫着的鹈鹕；二指鸣响的弓；三指太阳落下。全卦内容讲出行狩猎和隐退守洁，用多见词作标题。

②明夷于飞：这里引用一首民歌作占，叫做谣占，在这里用来说明行旅之难。明夷：用作‘鸣夷’，意思是叫着的鹈鹕。鹈鹕是一种水鸟，俗称淘河。

③言：指责，责难。

④明：这里指太阳。夷：来。明夷就是太阳下山。

⑤夷：用作"痍"，意思是受伤。

⑥用：因为。拯：得救。用拯马壮：意思是说因为壮善跑而得救。

⑦明夷：这里指鸣弓，意思是说拉弓发射。南狩：南方的猎区。

⑧大首：大头，指大头的猛兽。

⑨可：利。

⑩腹：古代半地下式房屋的复室。左腹就是左室，这里指隐居之处。

⑪明夷：太阳隐去，这里的意思是说隐退。

⑫箕子：殷纣王的哥哥。明夷：这里指隐退。

【译文】

明夷卦：有利于占问艰难的事。

初九，鹈鹕在飞行，垂敛着羽翼。君子在旅途，多日无食粮。前去的地方，受到主人责难。

六二，太阳下山的时候，左腿受了伤，因马壮得救。吉利。

九三，在南边的猎区拉弓射箭，猎获了大猛兽。不利于占问疾病。

六四，进入隐居之处，产生了归隐的念头，一出门就想返回。

六五，殷纣王的哥哥箕子到东方邻国去避难，吉利的占问。

上六，太阳下山，天黑了。太阳初升是天明，后来下山是天黑。

【解读】

本卦阐述了正义受到挫折时如何韬光养晦的原则。

在邪恶逼害正义、光明受到创伤的时候，如果抗拒只能加重伤亡以至覆灭，唯有韬光养晦，收敛锋芒，艰苦隐忍，及时脱离险境以求自保；在隐忍自保的同时，蓄养力量，待机而动，最艰苦困难的环境，也正是锻炼意志奋发有为的契机。邪恶不会长久，正义必然伸张，因为任何违背正义的势力，最后终将灭亡。

家人卦第三十七

家人 风火家人

【原文】

家人^①：利女贞。

初九，闲有^②家，悔亡。

六二，无攸遂，在中馈^③，贞吉。

九三，家人嗃嗃^④，悔厉，吉；妇子嘻嘻，终吝。

六四，富家，大吉。

九五，王假有家，勿恤^⑤，吉。

上九，有孚，威^⑥如，终吉。

【注释】

①家人：本卦的标题。家人的意思就是家庭。全卦专门讲家庭中的事，标题与内容有关。

②闲：防范。有：于。

③遂：用作"坠"，意思是失误。馈：主持炊事。

④嗃嗃（hè）：严厉斥责之声，比喻森严治家。

⑤假：用作"格"，意思是到达。恤：忧虑。

⑥孚：诚信。威：威严。

【译文】

家人卦：有利于妇女的占问。

初九，持家能够预防不测之灾，危难困窘将会消亡。

六二，妇女在家中料理家务，没有失职。占得吉兆。

九三，贫困之家哀号愁叹，嗷嗷待哺，有悔有险，但终归吉利。富贵之家嘻笑作乐，骄奢淫逸，结果要倒霉。

六四，理家有道而致富，大吉大利。

九五，无论王室还是平民百姓，不必忧虑，可获吉祥。

上九，抓到的俘虏不肯屈服，发怒反抗，结果还是吉利。

【解读】

本卦卦义为家庭和睦，卦型象意为风自火出，内涵作用为阴阳大义。代表显示为和谐协和。凡事必需由内向外，循序渐进、体会修身、齐家、国治、天下平之天地大义。就卦画而言：上九为父、初九为子、父尽父道、子尽子道。九五为兄、九三为弟，兄尽兄道、弟尽弟道。九五、九三为夫，六四、六二为妇，夫尽夫道、妇尽妇道。上下有序、内外分明。家道正家人和，而天下定矣。

在本卦中，男人是主体，丈夫是一家之长，而女人是相夫富家的帮手，除了料理饮食之类的家务，还负有协调家庭成员之间关系的责任。作为一家之长的男人，不仅要严于治家，不可放纵家人戏笑散漫，而且也要严于律己，以身作则。

睽卦第三十八

睽 ䷥ 火泽睽

【原文】

睽①：小事吉。

初九，悔亡；丧马，勿逐②，自复；见恶人，无咎。

九二，遇主于巷，无咎。

六三，见舆曳，其牛掣；其人天且劓③。无初有终。

九四，睽孤；遇元夫④，交孚，厉，无咎。

六五，悔亡，厥宗噬肤⑤，往何咎？

上九，睽孤，见豕负涂，载鬼一车，先张之弧，后说之弧，匪寇，婚媾；往遇雨则吉。⑥

【注释】

①睽（kuí）：是本卦的标题。睽的意思是相违，矛盾。

②逐：追。

③曳：拖拉。掣：意思是牛角一俯一仰，形容牛拉车很吃力的样子。其人天且劓：赶车人受墨刑和劓刑。天，在罪人额头上刺字称天。劓（yì），古代刑名，割鼻。

④睽孤：指寂寞孤独之时。元夫：善人，引申为"刚健的人"。

⑤厥宗噬肤：他与宗人共同吃肉。厥，其他；宗，宗人即同一宗族之人；噬：咬，此为吃的意思；肤，肉。

⑥豕：猪。涂，泥土。弧：弓。说：用作"脱"，这里的意思是放下。

【译文】

睽卦：小事必获吉祥。

初九，没有悔恨。马跑掉了，不必去追，它自己会回来。途中遇到容貌丑陋的人，没有灾祸。

九二，刚进小巷就遇到主人接待，没有灾祸。

六三，看到大车拖拖拉拉艰难行进，驾车的牛受到牵制无法前行，驾车人也受了墨刑和劓刑，虽然起初历尽艰难，但是最终将有美好结局。

九四，寂寞孤独之际遇到刚健的人，胸怀诚信之心与刚健的人交往，即使会有危险，也没有灾祸。

六五，没有悔恨。看见同宗族的人在吃肉。往前走去，哪有什么灾祸？

上九，旅人孤身赶路，看到一头猪满身是泥，一辆大车载满了图腾打扮的人。他们起初拿起弓箭要射，后来放下了。这些人不是来抢劫，而是去订婚。旅人继续前行，虽然遇到下雨，但平安吉利。

【解读】

本卦阐述了离与合、异与同的一般法则。离久则合、异中求同，这是客观规律。有作为的人，有时固然因为时势的考虑、坚持原则的需要，虽同而存异，随合而有别，但是在一般情况下，应以积极主动的姿态，努力从异中求同，结合力量有所作为。异中求同需要有宽宏的胸襟，能包容常人所不能容者。

异中求同是顺应时势所要求的权变，它是一种并不违背原则的委曲求全。在异中求同过程中，会有种种障碍，但是只要持之以恒必能如愿。从主观方面分析，异中求同必须真诚，只有相互信任，求同才能成为可能；猜疑则是求同的大碍，如果心中存疑，即便同也会变成异，合变为离。本卦还通过睽久必合的分析再次展示了物极必反这一条普遍规律。

蹇卦第三十九

蹇 ䷦ 水山
蹇

【原文】

蹇①：利西南，不利东北②；利见大人，贞吉。

初六，往蹇，来誉。③

六二，王臣蹇蹇，匪躬④之故。

九三，往蹇，来反⑤。

六四，往蹇，来连。

九五，大蹇，朋来。

上六，往蹇，来硕⑥；吉，利见大人。

【注释】

①蹇：是本卦的标题。蹇的意思是艰难。全卦的内容是通过商旅来说明由难变为不难的道理。作标题的"蹇"字既与内容有关，又是卦中的多见词。

②利西南，不利东北：西南象征平地，所以"利"；东北象征山丘，所以"不利"。

③来：返回，归来。

④匪：非。躬：自身。

⑤反：意思是高兴快乐。

⑥硕：用作"蹁"，意思是跳跃，这里用来说明高兴。

【译文】

蹇卦：往西南方走有利，往东北方走不利。有利于会见王公贵族。占得吉兆。

初六，有所举动，尽管行事艰难，但是归来却定获美誉。

六二，君臣共处险境；臣子历尽艰险，奔走赴难，并不是为了自己的私事。

九三，其有所行动而外出遭逢艰难，不如及早返回家园。

六四，有所行动而外出遭逢艰难，返回时应联合伙伴，共谋脱险。

九五，行事十分艰难，亲朋纷纷前来相助。

上六，出门时艰难回来时欢喜跳跃。吉利。有利于见到王公贵族。

【解读】

本卦阐述了处在困境时的一般原则。遇到困难和危险时，应停止行动先求自保，若冒险前进则有陷险之危。一旦陷入险境，应奋不顾身相互援助，审时度势，联合同志共渡难关。正义的事业、有德的君子，即使陷入最危险的境地，也会得到志士仁人的援助而化险为夷。即将脱离险境时，更应该注意与贤能之士的结合，紧紧地追随刚毅中正的领袖，以免功败垂成。

解卦第四十

解 雷水
解

【原文】

解①：利西南；无所往，其来复吉；有攸往，夙②吉。

初六，无咎。

九二，田③获三狐，得黄矢；贞吉。

六三，负④且乘，致寇至；贞吝。

九四，解而拇⑤，朋至斯孚。

六五，君子维有解⑥，吉，有孚于小人。

上六，公用射隼于高墉⑦之上，获之，无不利。

【注释】

①解：卦名。下坎上震，象征舒解。

②夙：早。

③田：田猎。

④负：肩负，背负。

⑤解而拇：拇：脚大拇趾，这里代指脚。解而拇：意思是说不想走路。

⑥君子维有解：君子被绑而又解脱。维，语助词，无义。

⑦隼（sǔn）：一种猛禽名，鹰。墉：城墙。

【译文】

解卦：往西南方走有利。如果没有明确的目的地，不如返回来，吉利。如目的明确，早去吉利。

初六，没有灾祸。

九二，田猎获得三只狐狸，身上带着铜箭头。占得吉兆。

六三，身背重物而乘车出行，必然招引贼寇前来抢劫，处事艰难。

九四，像解开被绑的拇指一般摆脱纠缠，朋友才会心怀诚信前来帮助。

六五，君子被缚又得到解脱，必获吉祥。小人不改邪归正则没有出路。

上六，王公贵族在高高的城墙上射中一只鹰，并抓住了。这没有什么不吉利。

【解读】

本卦阐述了解除困难的一般原则。有了困难，就应该设法解除；在排除困难的初期，一方面要采用柔和的方法，另一方面要抓住时机迅速解除。在解除困难时，应坚持正直的原则，即以正驱邪；为建立新秩序而任用人才时，应注意名实相符，尤其不可将高位授予小人。对邪恶势力的清理，务须彻底，并不惜采用断然的手段，以防姑息养奸。只有君子势长、小人势消，才能得到正义力量的广泛支持和帮助，完全摆脱困境，建立万象更新的社会秩序。

损卦第四十一

损 ䷨ 山泽损

【原文】

损①：有孚，元吉，无咎，可贞，利有攸往。曷之用？二簋可用享。②

初九，已事遄往，无咎；酌损之。③

九二，利贞，征凶；弗损益之。④

六三，三人行，则损一人；一人行，则得其友。⑤

六四，损其疾，使遄有喜，无咎。

六五，或益之十朋之龟，弗克违，元吉。⑥

上九，弗损益之⑦；无咎，贞吉，利有攸往，得臣无家。

【注释】

①损：本卦的标题。损的意思是减损。全卦的内容是说明损与益两个对立方的关系。标题的"损"字是卦中多见词。

②曷：何，什么。簋（guǐ）：古代盛谷物的竹器。享：祭祀鬼神。

③已事：停止自己的事情。已，止。遄：速。

④益：与"损"相对，增加。

⑤王弼《周易注》："三人，谓自六三已上三阴也。三阴并行，以承于上，则上失其友，内无其主，名之曰益，其实乃损……阴阳不对，生可得乎？"意思是说，缺乏互补的一方，无法化生，这即是损；有了互补的一方，才能化生，这才是益。

⑥或：有人。十朋之龟：价值十朋的宝龟。朋，古代货币单位，双贝为一朋。"十朋"形容价值连城。

⑦弗损益之：意思是说不减少不增加。

【译文】

损卦：象征减损。胸怀诚信之心，大吉大利，不会有灾祸，平卦，宜于有所行动。以祭祀为例，只要心诚，以两簋淡食祭祀神灵，贡献尊者就足够了。

初九，祭祝是大事，要赶快去参加，才没有灾祸。但有时可酌情减损祭品。

九二，吉利的占问。出讨他国，凶险。有时不能减损，要增益。

六三，三人同行必有一人因看法不一而被孤立，一人独行遇人可以作伴。

六四，减轻疾患的事要尽快办理，如此，便可获得喜庆，而不会有灾祸。

六五，有人贡献价值连城的宝龟，不违反推辞，大吉大利。

上九，不增不减，完全依旧。没有灾祸，占得吉兆。宜于有所行动，又使人臣服，一心为国，以至忘了自己的家。

【解读】

本卦阐述了损有余以益不足的原则。指出如何运用损的手段为自己开辟前进道路的一般途径，认为损己益人，应以诚信为基础，由此取得别人的信任与支持。对于志同道合者的助益，当损则损，但是也要量力而行，不可拘泥程式，尽量谋求不损己也能益人的途径；损有余以益不足是天地之间的一条普遍法则，因而以损增益的行动务须不失时机，使损失减少到最低限度，使增益得到最大的效果；柔顺、中正、谦和的人，即使有所不足也必然会得到众人的助益，全力支持其抱负的施展；处在领导地位的人，当自己得到充实之后，也应不忘其本，取之于民，用之于民，务须懂得损己亦即益己，助人实为自己的快乐。

益卦第四十二

益 ䷩ 风雷益

【原文】

益①：利有攸往，利涉大川。

初九，利用为大作②，元吉，无咎。

六二，或益之十朋之龟，弗克违，永贞吉；王用享于帝，吉。③

六三，益之用凶事，无咎；有孚中行告公用圭。④

六四，中行告公从，利用为依迁国⑤。

九五，有孚惠心，勿问元吉；有孚惠⑥我德。

上九，莫益之，或击之；立心勿恒，凶。⑦

【注释】

①益：本卦的标题。益的意思是增益。全卦内容是说明损益的道理，与"损卦"构成一个组卦。标题的"益"字是卦中多见词。

②利用为大作：利于有大作为。

③王用享于帝：君子享祭上天祈求福泽。帝，上天，天帝。

④增之用凶事：将增益用于凶险之事。中行：执守中正之道事。告公用圭：手执玉圭向王公告急求助。圭，一种玉器，古代天子诸侯祭祀、朝聘时，卿大夫执之以示"信"。

⑤迁国：迁都。

⑥惠：仁爱。

⑦或击之：有人攻击他。恒：长久，坚持不变。

【译文】

益卦：有利于出行。有利于渡过大江大河。

初九，利于大有作为，大吉大利，不会有灾祸。

六二，有人送给价值十朋的大龟，不能不要。占得长久吉兆。周武王克商，祭祝天帝，吉利。

六三，把增益用以救助凶险之事，不会有什么灾难。心怀诚信，执守中正之道谨慎从事，时刻像手执玉圭向王公告急求助那样恭谨。

六四，执持守中正之道谨慎从事，得到王公信认，有利于凭此完成迁都利民大业。

九五，胸怀诚信仁爱之心，不用占问就知道极为吉祥，天下人定将以仁爱之心回报我的仁爱之德。

上九，没有人帮助，还有人来攻击。这时内心不坚定，必然凶险。

【解读】

本卦阐述了损己益人、损上益下的原则。损己益人，必然使人悦服；施即是授，诚心诚意助益他人，必然能得到他人的诚心诚意的回报。统治者如能明白此理，持之以恒地助益他人，必能团结大众，冒险犯难、大展宏图，成就伟业。

当然，益人者的动机须纯正，目的须正当；而受益者亦须柔顺、中正、谦恭，他人才会乐善好施；受益者倘若贪得无厌，不仅得不到他人的助益，还会遭到他人的攻击，导致求益反损的结果。

夬卦第四十三

夬☰ 泽天
夬

【原文】

夬^①：扬于王庭，孚号有厉；告自邑，不利即戎；利有攸往。^②

初九，壮于前趾，往不胜为咎。

九二，惕号，莫夜有戎，勿恤。^③

九三，壮于頄，有凶；君子夬夬独行遇雨若濡，有愠，无咎。^④

九四，臀无肤，其行次且；牵羊悔亡，闻言不信。^⑤

九五，苋陆夬夬，中行无咎。^⑥

上六，无号，终有凶。^⑦

【注释】

①夬（guài）：卦名。夬是"快"的本字，有快乐和快速两种意思。全卦内容主要讲防范敌人和行旅。标题取"夬"的字义。

②扬于王庭：在君王的朝廷之上发表言论。扬：拿着兵器跳的武舞。庭，通"廷"。自邑：指自己封邑的民众。戎：兵，指兴兵出战。

③惕号：因惊恐而大叫。莫：通"暮"。恤：不高兴，不满。

④頄：脸面。夬夬：决然而行。濡：沾湿。愠：怒，怨。

⑤次且：即趑趄，行走艰难的样子。

⑥苋陆：苋（xiàn）：细角山羊。陆：意思是蹦跳。中行：路中间。

⑦无号：不必大声号叫。无：应为"犬"字。

【译文】

夬卦：象征决断。在君王的朝堂之上发表言论，告诫并诚心号召自己封邑的

民众，倘有不利立即兴兵征伐，如此，利于日后有所行动。

初九，脚趾受了伤，再前往，脚力不胜将遭难。

九二，惊惧呼号，是因为深夜发生战事，但是没有危险，所以不必

担心。

九三，脸面盛壮，定有凶险；虚与委蛇，又会被刚毅的君子误解，却没有什么灾祸。

九四，臀部受了伤，走起路来十分困难。牵羊去做买卖，悔恨羊丢失了，问怎么丢的，却说不清楚。

九五，细角山羊在路中间欢快蹦跳，没有灾祸。

上六，狗叫，结果将凶险。

【解读】

本卦阐述了清除邪恶小人的原则。小人阴险奸巧，诡计多端，在清除邪恶小人时不能不小心谨慎，戒骄戒躁，应先谋而后动，刚柔相济；对付阴险小人，亦应以其人之道还治其人之身，不妨悄然进行，不露声色，把握时机，一举歼灭。清除工作不可迟疑，也不可冲动冒进；处置小人，应持不偏不激的态度，尽可能采用怀柔感化的方式，使其改邪归正。小人久居高位，毕竟是众矢之的，迟早会被清除。

姤卦第四十四

姤 ䷫ 天风姤

【原文】

姤①：女壮，勿用取女②。

初六，系于金柅，贞吉；有攸往，见凶，羸豕孚蹢躅③。

九二，包④有鱼，无咎；不利宾。

九三，臀无肤，其行次且；厉，无大咎。

九四，包无鱼，起凶。

九五，以杞包瓜；含章，有陨自天。⑤

上九，姤其角；吝，无咎。⑥

【注释】

①姤：本卦的标题。姤用作"遘"，意思是遇合，也用作婚媾的"媾"。全卦的内容与出行和婚姻有关，并且都是占问梦中景象，即梦占。标题取"姤"的两种意义。

②取女：娶女。

③金：铜制车闸。羸豕：猪被捆绑。孚：此为竭力的意思。蹢躅：此为挣扎的意思。

④包：通"疱"，厨房。

⑤以杞包瓜：用杞柳蔽护树下之瓜。杞，杞柳。含章：含藏彰美。陨：降落。

⑥姤：遭遇，这里指遇上野兽。其：而。角：搏斗。

【译文】

姤卦：象征相遇。女子过分盛壮则会伤男，不宜娶其为妻。

初六，衣服挂在纺车转轮的铜把手上了，占得吉兆。占问出行，则见凶象。拉着不肯前进的瘦猪。

九二，厨房里有鱼，没有灾祸。不利于宴请宾客。

九三，臀部受了伤，走起路来十分困难。危险，但没有大灾难。

九四，厨房无鱼，定然惹发凶险之事。

九五，用杞柳荫护树下之瓜，含蓄不露，总有一天会像陨石坠地而自行消亡。

上九，碰上野兽，同它搏斗，危险，结果没有灾祸。

【解读】

本卦阐述了防范邪恶的原则。对于邪恶势力的防范，宜早不宜迟；当它发生之初，就应采取积极有效的办法，及时阻止其发展；对于尚处于卑微状态的邪恶势力的处置，固然应遵循中正的原则，但不能有丝毫的同情与怜悯；那些因为性格刚硬容易得罪别人而处境不佳的人，也不能因为自己的孤独而与小人结伴；无论何时何地，都应谨慎择友，以免引狼入室，养奸成患；对邪恶小人，既要有万无一失的防范措施，又要坚持中正处置的原则，相信善有善报，恶有恶报，时候一到，一切都报，自然法则是不可抗拒的；对于邪恶小人，采取远远躲避的态度，虽然是一种消极的防范，但不与小人同流合污的做法，亦不失为一种洁身自好的君子作风。

萃卦第四十五

萃 ䷬ 泽地萃

【原文】

萃①：亨，王假有庙；利见大人，亨，利贞；用大牲吉，利有攸往。②

初六，有孚不终，乃乱乃萃；若号，一握为笑；勿恤，往无咎。③

六二，引吉，无咎；孚乃利用禴。④

六三，萃如嗟如，无攸利；往无咎，小吝。⑤

九四，大吉，无咎。

九五，萃有位，无咎，匪孚；元永贞，悔亡。⑥

上六，赍咨涕洟，无咎。⑦

【注释】

①萃：本卦的标题。萃在卦中用作"悴"，"瘁"，意思是忧虑。

②假：到。庙：宗庙。

③一握：古代占筮术语，指在不吉利的情况下筮得一种吉卦之数。

④引吉：迎吉。引，迎。禴（yuè）：古代四季祭祀之一，此为夏祭。

⑤嗟：叹息。

⑥萃有位：会聚而各有其位。匪：非，不。元：君长。

⑦赍咨：咨嗟，叹息。洟（yí）：流鼻涕。

【译文】

萃卦：亨通。君王到宗庙祭祝。有利于见到王公贵族，亨通，吉利的占问。祭祀用牛牲，吉利。有利于出行。

初六，心怀诚信却不能保持到最后，必然扰乱正常的聚集。倘若求得谅解，仍可握手言欢。不必再有忧虑，有所行动没有灾祸。

六二，迎来吉祥，定无灾祸。心怀诚信有益于祭祀求福。

六三，由于会聚而生叹息，没有什么益处。其实有所行动也没有灾祸，仅只小有困难。

九四，大吉大利，没有灾祸。

九五，尽瘁于职守，没有灾祸。没有俘虏，占问长久吉凶，没有悔恨。

上六，感叹流涕，为国忧心，没有灾祸。

【解读】

本卦阐述了人类群体集合的原则。人类只有聚合起来才有力量，才能轰轰烈烈地干一番事业。聚集的目的应正当，聚集的人都应一心一意，始终如一；聚集在一起的人们，应该互相信任，竭诚地对待同道，尤其身居高位的人应尊重自己的追随者；人们相聚在一起时，应互相激励，不宜互相挑剔抱怨；前来聚集的愿望真诚与否，须经实践检验；处于领袖地位的人，应该注重以自己的德行感化和号召民众，将民众紧紧团结在自己的周围；在群体中，不可孤高自傲，脱离民众；发现自己的缺点，便应及时反省纠正，将自己的力量，汇聚到集体的事业中去。

升卦第四十六

升 地风升

【原文】

升①：元亨，用见大人，勿恤，南征吉。

初六，允升②，大吉。

九二，孚乃利用禴，无咎。

九三，升虚邑③。

六四，王用亨于岐山④，吉，无咎。

六五，贞吉，升阶⑤。

上六，冥升⑥，利于不息之贞⑦。

【注释】

①升是本卦的标题。升的意思是上升，发展。全卦的内容大致是讲周朝不断上升、强盛的历史。标题的"升"字是卦中多见词。

②允：意思是前进。

③虚邑：建在大山丘上的城邑。

④王：周玉。亨：即"享"，意思是祭祝，

⑤升：登上。阶：阶梯。

⑥冥：晚上。

⑦不息：不停。

【译文】

升卦：大亨大通，有利于见到王公贵族，不必担忧。向南出征吉利。

初六，前进而步步发展，大吉大利。

九二，春祭最好用俘虏作人牲，没有灾祸。

九三，向建在山丘上的城邑进军。

六四，周王在岐山举行祭祝。吉利，没有灾祸。

六五，占得吉兆，沿阶而逐步上升。

上六，昼夜不停地发展，有利于不停发展的占问。

【解读】

本卦阐述了升进的原则。与《晋》、《渐》卦类同，而小有差别，本卦的特点是柔进。在升进中，如果自身力量较弱，就应追随志同道合者中的长而有力者，以他们的成功的经验作为自己的借鉴；升进固然靠实力，但心地的纯正、待人的诚信更重要。

当然，也不可拘泥于用柔，依赖于他人。审时度势，当时机来临时，务必紧紧抓住，当进则进，勇往直前；越是升进到了高位，越要注意诚信待人的作用，在升进途中，诚信能化险为夷；身居至尊者，同样应该守诚守信，才能获得贤士民众的真诚辅助，不断开拓基业；升进也有极限，到了无可再进的极限，更须注意运用柔顺之道，与刚健的同人继续保持同心同德，以取得其支助，保持自己既有的地位。

困卦第四十七

困 ䷮ 泽水困

【原文】

困^①：亨；贞，大人吉，无咎；有言不信。

初六，臀困于株木，入于幽谷，三岁不觌。^②

九二，困于酒食，朱绂方来，利用享祀；征凶，无咎。^③

六三，困于石，据于蒺藜；入于其宫，不见其妻，凶。^④

九四，来徐徐，困于金车，吝，有终。^⑤

九五，劓刖，困于赤绂；乃徐有说，利用祭祀。^⑥

上六，困于葛藟，于臲卼；曰动悔有悔，征吉。^⑦

【注释】

①困：本卦的标题。困的意思是困厄，倒霉和关押。全卦专讲刑狱。"困"字与内容有关，又是卦中多见词，所以用作标题。

②株木：树木。幽谷：幽深的山谷。觌（dú）：见。

③困于酒食：指吃醉了酒。朱绂：红色祭服。绂（fú），古代祭服的饰带，此借指祭服。

④困于石：前进道路被乱石阻挡。据：《易》例，在一个重卦之中，如果一个阳爻位居阴爻之上，那么这一阳爻对于其下的阴爻的关系称"据"。据是凭借、占据的意思，此引申为居处。蒺藜：一种一年生草本植物，果实有刺；此指九二爻。宫：居室，此引申为自己的家见其妻，意思是得婚配。

⑤困于金车：被金车所困阻。

⑥劓：古代刑名，割鼻。刖（yuè）：古代刑名，断足。说：通"脱"。

⑦葛藟：一种有刺的蔓生植物，种在监狱外，以防犯人逃跑。臲卼：惶惑不安。悔：这里是后悔和悔悟的意思。

【译文】

困卦：亨通。占问王公贵族得吉兆，没有灾祸。有罪的人无法申辩清楚。

初六，困坐在树干上没法安身，退居幽暗的山谷，三年也不露面。

九二，喝醉了酒，大红祭服刚送来，正好用来祭祀神灵。如果自己拿来享受则有凶险，要是改过就没有灾祸。

六三，道路被乱石阻挡而堵塞不通，只得居处在蒺藜之上；而转身回到自己家中却见不到妻子，定有凶险。

九四，缓缓而来，是因为被金车所阻困；但是虽然行动艰难，却有好的结局。

九五，被穿红衣的人抓去，割掉鼻子，砍断了脚，后来逐渐逃脱，赶快祭祝求神保枯。

上六，被关在四周有葛廷和木桩的监狱里，想动身越狱的话，就会悔上加悔。占问出征，得到吉兆。

【解读】

本卦通过困于株木、困于酒食、困于石、困于金车、困于朱绂、困于葛蕌等一系列形象的比喻，阐释了应付困境的原则。

由于力量微弱而处于深深的困境时，必须隐忍待机，切忌浮躁；由于大富大贵而陷入困扰时，必须头脑清醒，不可得意忘形；因为侥幸妄进而陷入困境时，务必要有应付最坏局面的思想准备；当自身也处于困境而又必须援救处境更坏的同道时，务必量力而行，不可操之太急，以免雪上加霜；处于至尊之位时，最大的困扰是来自身边的奸佞，对来自位高权重者的困扰，尤须谨慎排除，同样不可操之太急；处于极端困境中时，应该冷静反省被困的原因，然后付诸行动，以求突破。

井卦第四十八

井 ䷯ 水风井

【原文】

井①：改邑不改井，无丧无得，往来井井。汔至亦未繘井，羸其瓶，凶。②

初六，井泥不食，旧井无禽。③

九二，井谷射鲋，瓮敝漏。④

九三，井渫不食，为我心恻；可用汲，王明并受其福。⑤

六四，井甃，无咎。⑥

九五，井洌，寒泉食。

上六，井收，勿幕；有孚，元吉。⑦

【注释】

①井：卦名。井指井田，水井，陷阱。全卦内容是记述村邑中劳动和生活的情景。

②改邑：改换封邑。井井：从中取水。第一个"井"字用作动词，取水。汔：接近。繘井：淘井。羸：此为倾覆的意思。瓶：古代汲水器具。

③不食：不能食用。旧井无禽：井旁植树，禽来栖息，井枯树死，飞鸟不再来。

④井谷射鲋：井底小鱼来回窜游。鲋（fù），小鱼。瓮：罐子。敝漏：破旧，此为破碎的意思。

⑤渫：治理即淘洗。为我心恻：使我心中悲伤。王明：君王贤明。

⑥甃（zhòu）：修整。

⑦井收勿幕：修整水井的事已经完成，不须覆盖井口。收：缩小。井：陷阱。幕：盖。

【译文】

井卦：改换了封邑却没改变井田数目，没有损失也没有多得，人们照样在田间来来往往。水井已经干枯淤塞，却不去挖淘，还打破了汲水瓶，凶险。

初六，井底污泥淤积，井水已经不能食用，井枯树死，飞鸟再也不来栖息。

九二，就像枯井只剩井底小鱼来往窜游，犹如打破水罐因而无物取水。

九三，井水污浊不能饮用，给我淘净澄清，就可以汲饮。君王英明，使众人都得到他的福佑。

六四，用砖石垒砌井壁，没有灾祸。

九五，井水清洌，洁净而且清凉，能用以食用。

上六，缩小陷阱口，不加阱盖，结果捕获了野兽，大吉大利。

【解读】

本卦以井水养人为喻，阐释了用贤的道理。认为政权虽有更迭，用贤的道理始终不变，但是在具体的用人过程中，却又灵活多变，对于一些本来可用之才，因为时间的推移而变得不合时宜时，理应淘汰；贤士往往因为人事渠道的阻塞而被埋没在民间不能致仕任用，这是人才的莫大浪费；领导者应该重视人才的发掘；贤士也应该不断自我完善，等待时机，造福于人民；贤士被任用而且居于高位时，应始终如一，为国为民。

革卦第四十九

革 ䷰ 泽火
革

【原文】

革^①：己日乃孚，元亨，利贞，悔亡。

初九，巩用黄牛之革^②。

六二，己日乃革之，征，吉，无咎。

九三，征，凶，贞厉；革言三就^③，有孚。

九四，悔亡，有孚改命^④，吉。

九五，大人虎变^⑤，末占有孚。

上六，君子豹变^⑥，小人革面；征凶，居贞吉。

【注释】

①革是本卦的标题。革的意思是改变。全卦的内容主要与战争有关，用战争来说明变的思想。标题的"革"字既与内容相关，又是卦中多见词。

②巩：加固，束紧。

③言：用作"靳"，意思是马的胸带。三就：三重。

④改命：改变命令。

⑤虎变：变革之际像老虎那样威猛。

⑥豹变：像豹子那样迅捷。

【译文】

革卦：祭祝那天用俘虏作人牲。大亨大通，吉利的占问。没有悔恨。

初九，用黄牛的皮革加固束紧。

六二，祭祝的日子要改变。出征，吉利。没有灾祸。

九三，出征，凶险。占得险兆。把马的胸带绑三匝，打了胜仗，抓到俘虏。

九四，没有悔恨。捉到俘虏，改变了命令。言利。

九五，大德大才之人在改革之时气势像老虎那样威猛。不经占问就知道他具备诚信心。

上六，君子在改革之时行动像豹子那般迅速，庶民也改变往日的面目；此时如果持续变革而不停息，必有危险，而居家守中，可获吉祥。

【解读】

本卦卦义为改革维新，卦型象意为泽下有火，内涵作用为改造变革，代表显示为万象更新。任何政治，都有一个盛极而衰的过程，当败象显露时，即须采取变革的行动，以适应时势民心的需要。变革是一件牵动全局的大事。在条件尚未成熟的时候，应慎审时势，积聚力量，巩固自己，不可轻举妄动；一旦条件成熟，就应抓住时机，果断行动；变革即使势在必行，也应首先取得民众的信任和支持。能否取得变革的成功，不仅变革者要具有不畏怯、不妄动的性格，而且变革者要赢得广大民众的信赖。

只有在变革之先自己进行变革，才可能变革周围的人和环境；变革决非修饰，变革必须彻底；当变革成功之后，上下洗心革面，休生养息，保持安定团结，开始新的生活。

鼎卦第五十

鼎 ䷱ 火风鼎

【原文】

鼎①：元吉，亨。

初六，鼎颠趾，利出否；得妾以其子，无咎。②

九二，鼎有实；我仇有疾，不我能即，吉。③

九三，鼎耳革，其行塞，雉膏不食；方雨亏悔，终吉。④

九四，鼎折足，覆公𫗧，其形渥，凶。⑤

六五，鼎黄耳，金铉⑥，利贞。

上九，鼎玉铉⑦，大吉，无不利。

【注释】

①鼎：卦名。鼎为饮食器具。全卦的内容同饮食以及与饮食有关的事相关。"鼎"为卦中多见词。

②鼎颠趾：鼎颠覆，足朝上。利出否：利于倾倒无用之物。否，不，指无用之物。以其子：因其子。以，因。

③实：内容，这里指鼎中的装的食物。仇：妻子。

④革：革除，这里是失去的意思。塞：阻塞，引申为困难。雉膏：用雉肉做的美味食物。方雨亏悔：天刚下雨阴云又散去。方，刚刚。亏，少。悔，通"晦"，指阴云。

⑤覆公𫗧：将王公的八珍粥倾倒出来。公，王公。𫗧（sù）：八珍菜粥。其形渥：洒得遍地都是。渥，沾濡之状。

⑥金铉：铜制鼎耳的吊环。

⑦玉铉：玉制的鼎盖横杠。

【译文】

鼎卦：象征鼎器。大吉大利，亨通顺畅。

初六，鼎翻倒而足向上，有利于清除坏人。得到他人的妻子和儿子作家奴，没有灾祸。

九二，鼎中没有食物，我妻子有病，不能和我同吃。吉利。

九三，大鼎丢失了鼎耳，移动非常困难；美味的雉膏也不能吃；天刚降雨乌云就突然散去，终会获得吉祥。

九四，大鼎难负重荷而断折鼎足，王公的美食倾倒出来，鼎身沾满污物，定有凶险。

六五，大鼎配备上黄色鼎耳，鼎耳配备铜制吊环，有利之卦。

上九，鼎盖横杠用玉制成，大吉大利，没有什么不利。

【解读】

鼎，不过一器具而已，腹大，三足，放着敦实稳当，或用作盛食物的器皿，或用作祭祀器物。如此器具，也值得占问求神？原来，本卦借烹物化生为熟，比喻事物调剂成新之理，其中侧重体现行使权力，"经济天下"、"自新新人"、"革故鼎新"的意义。

同时，本卦六爻的正反面喻象集中揭示了本卦的中心思想：鼎器功用之所以能成，事物新制之所以成立，必须依赖贤能。起用贤能，方能除旧布新。而升擢人才，必须知人善任。小人成事不足，败事有余，不足以担当重任，必须排除。《大象传》盛称"君子"应当端正居位、严守使命，这是非常正确的。贤能不必心灰意冷，坚守正道，终必定有施展抱负的一天。明智的君王，刚毅的辅佐，刚柔相济，相得益彰，无往而不利。

震卦第五十一

震 震为雷

【原文】

震①：亨。震来虩虩，笑言哑哑；震惊百里，不丧匕鬯。

初九，震来虩虩②，后笑言哑哑，吉。

六二，震来，厉；亿丧贝，跻于九陵，勿逐，七日得。③

六三，震苏苏④，震行无眚。

九四，震遂泥。⑤

六五，震往来厉；亿无丧，有事。

上六，震索索，视矍矍，征凶；震不于其躬，于其邻，无咎；婚媾有言。⑥

【注释】

①震：本卦的标题。震代表雷电。全卦内容讲人对雷电的感受。"震"是卦中多见词，又与内容有关。

②虩虩（xì）：恐惧之状。哑哑：笑声。匕：勺，匙。鬯（chàng）：祭祀用的香酒。

③厉：迅猛。亿丧贝：将会大量失去钱财。亿，古制，十万为亿，这里是极多的意思。贝，古代货币。跻于九陵：登上九重高陵。跻，登。

④苏苏：疑惧不安的样子。

⑤遂：附。

⑥索索：发抖的样子。矍矍（jué）：不敢正眼看。躬：亲身。婚媾：这里指亲戚。言：罪过。

【译文】

震卦：亨通。雷声传来，有人吓得打哆嗦，有人谈笑自如。雷声震惊百里，有人手拿酒勺镇定如常。

初九，雷声传来，有人先吓得打哆咳，后来便谈笑自如。吉利。

六二，雷霆剧响，必有危险，巨盗劫取大量钱财后逃之夭夭；不要前往追寻，七天之内自会失而复得。

六三，雷霆震动，惊惶不安，震惧而行，却不会有什么灾难。

九四：雷霆震动，惊慌失措而落入泥沼之中。

六五：雷霆震动，上下往来，都有危险；没有重大损害，但会发生事故。

上六：雷电交加，有人行动小心谨慎，日光四顾。出行，凶险。雷电不会击到他身上，而击到邻人头上。没有灾祸。这大概是因为邻人做了错事吧。

【解读】

本卦的中心思想，在于阐释震惊的应对之道。对古人而言，雷电是最不可思议的：究竟是谁有如此大的魔力在操纵着它？答案被归结到在天上的神灵，被归结到"雷公"发怒，要惩罚人间的恶人坏事。于是，有了"报应"说。据说，做了坏事要遭电打五雷轰。据说，人受了不白之冤也要引起"雷公"震怒，可以发出晴天霹雳。

在发展进步的过程中，难免发生意外的重大事故，以致震惊。唯有记取教训，凡事戒慎恐惧，才能有法则可循，发挥刚毅的力量，镇定而从容地对付，不致惊慌失措。即或遭受灾难，也可将损失减至最小。

平时谨慎，经常反省检讨，保持高度警觉，即可防患于未然。

艮卦第五十二

艮 ䷳ 艮为山

【原文】

〔艮〕①：艮其背，不获其身；行其庭②，不见其人，无咎。

初六，艮其趾③，无咎，利永贞。

六二，艮其腓④，不拯其随，其心不快。

九三，艮其限，列其夤，厉薰心。⑤

六四，艮其身，无咎。

六五，艮其辅⑥，言有序，悔亡。

上九，敦⑦艮，吉。

【注释】

①艮：本卦的标题。原文卦象后无"艮"字，这是为避免与卦辞重复而省略。艮的意思是止息，歇息，引申为保护。全卦的内容是讲注意保护身体。

②庭：庭院。

③趾：这里代指脚。

④腓：腿肚子。拯：举。

⑤限：胯，腰部。列：裂。夤（yín）：夹脊肉。薰：烧灼。

⑥辅：指面部。

⑦敦：意思是额部，这里代指头部。

【译文】

艮卦：象征抑止。抑止背部，使整个身体不能动弹，在庭院里行走，却看不到人，没有灾祸。

初六，注意保护脚。没有灾祸。有利于长久吉利的占问。

六二，注意保护腿肚，却不保护腿部肌肉，心中不愉快。

九三，注意保护腰部，但胁间的肉已裂开了，危险，使人心焦。

六四，抑止身体使其不能乱动，必无灾难。

六五，没有胡言，讲话有条有理，没有灾祸。

上九，注意保护头部。吉利。

【解读】

《艮》卦，是强调自发的停止。"时止则止，时行则行"，时当行则行，是以时势造英雄也。时当止之时，言语亦不妄发，其行亦不妄动也。

"君子以思不出其位"，这就是注意力止于其位。何况"不在其位，不谋其政"（《论语·泰伯》）也。是以可行则行，可止则止，行之无不利，止之无不吉，知行知止，此之谓行止之法门也。止应当止于行动未开始之前，才不会失当，才不会身不由己。不能适可而止，或勉强追随，必然不愉快。倘若刚强过度，应止不止，或止而不当，必将忧患。惟有达到不为外物所动，不为私欲所动的人我两忘境界，才能成功。

渐卦第五十三

渐

【原文】

渐①：女归②吉，利贞。

初六，鸿渐于干；小子厉，有言，无咎。③

六二，鸿渐于磐，饮食衎衎，吉。④

九三，鸿渐于陆⑤，夫征不复，妇孕不育，凶；利御寇。

六四，鸿渐于木，或得其桷，无咎。⑥

九五，鸿渐于陵⑦，妇三岁不孕；终莫之胜，吉。

上九，鸿渐于陆，其羽可用为仪，吉。⑧

【注释】

①渐：卦名。渐的意思是渐进，缓进。全卦内容以鸿雁起兴，作为主线，占问日常生活中的事情。标题的"渐"字是全卦中多见词。

②女归：女子嫁人，归嫁。

③鸿：鸿雁即大雁。干：河岸。小子：指幼童。

④磐：大石头。衎衎（kàn）：高兴，和乐。

⑤陆：高而平的地。

⑥或：有的。桷（jué）：木橼，引申为直树枝。

⑦陵：山陵。

⑧陆：指高山之顶。仪：用鸟羽编织的文舞道具。

【译文】

渐卦：女子出嫁，是吉利的事。吉利的占问。

初六，幼小的鸿雁在河岸边活动，有种恐惧感，有流言蜚语把他非难，但是并无灾祸。

六二，鸿雁走上涯岸，丰衣足食，自得其乐。吉利。

九三，鸿雁落到小峰顶上，就像丈夫随军出征一去不再回返，妻子怀孕又流产，如此，定有凶险。但却利于防御贼寇。

六四，鸿雁飞上树木，贵族已准备好了盖房的桷条。没有灾祸。

九五，鸿雁飞行渐进落到山丘之上，犹如妻子三年不怀孕，但未受丈夫责难，必获吉祥。

上九，鸿雁飞上大山，它的羽毛可以作文舞的道具。吉利。

【解读】

这一卦采用民歌常用的起兴手法，记述家庭生活，既洋溢着一种幸福的情调，又颇富有诗意。

前进才能建功，前进当然要刚毅，但也要把握中庸原则。不可以勉强，不可以冒进，应当稳当，依据状况，把握时机，循序向前迈进，动静顺乎自然，才能安全，行动不会被动。倘若刚强过度，不停地冒进，就有脱离群众的危险。

当然，在渐进中，必有阻碍，宜以正当的方式，进退由心，切实掌握事物发展过程中"循序渐进"的原则，切不可"揠苗助长"也。

归妹卦第五十四

归妹 ䷵ 雷泽归妹

【原文】

归妹①：征凶，无攸利。

初九，归妹以娣，跛能履，征吉。②

九二，眇能视，利幽人之贞。③

六三，归妹以须，反归以娣。④

九四，归妹愆期，迟归有时。⑤

六五，帝乙归妹，其君之袂，不如其娣之袂良；月几望，吉。⑥

上六，女承筐，无实；士刲羊，无血。无攸利。⑦

【注释】

①归妹：卦名。归妹的意思是少女出嫁。

②归妹以娣：少女出嫁，其妹从嫁。古代习俗，一夫多妻，姐姐出嫁，妹妹可以随同姐姐同嫁一夫，此称"娣"。

③眇：目盲。

④须：通"嬃"，姐。反归：回娘家。

⑤愆（qiān）期：过期。

⑥君：这里指正室即大妻。袂：衣袖，指衣饰。良：好。几望：既望，每月十六日。

⑦筐：竹器，指盛嫁妆的奁具。实：指嫁妆。刲（kuī）：割。

【译文】

归妹卦：象征嫁出少女。向前行进必有凶险，没有什么益处。

初九，姊妹一同出嫁。脚跛却能行走。出行，吉利。

九二，眼盲者勉强注视；安恬隐居之人，利于守正。

六三，少女出嫁，姐姐从嫁作偏房；事发后，又以妹妹的身份从嫁作偏房。

九四，出嫁时超过了婚龄，迟迟不嫁是有所期待。

六五，帝乙嫁女，正室的服装反而不如陪嫁妹妹的服装华美；成亲日期定在既望之日，十分吉祥。

上六，新娘捧着祭品的筐，但筐里没有东西；新郎提刀杀羊，但羊没有出血。没有什么吉利。

【解读】

本卦让我们看到的是群婚制的遗俗：女子到了出嫁年纪，便带着嫁妆，带着妹妹一同嫁到夫家去；被休弃时，也连同妹妹一起回家，并提到了殷纣王之父帝乙将女儿嫁给周文王的史实，说明这种姊妹共夫是有所据的。女子嫁到夫家三个月之后，要举行祭祀仪式，新娘献上黍稷等进行祭奠，新郎则宰羊献牲，甚是隆重。据考证，这种婚俗到了西周之后的春秋时代，仍很盛行，被叫做"媵"。

卦中的记述采取了现实和梦象交织的手法。初九爻爻的"跛能履"，九二爻的"眇能视"以及上六爻都是梦占。这是否包含有这样的意思：出嫁对女子来说是个人生的转折点，在这喜忧交集的时刻，总是充满了各种想象和幻想？即使作者没有这意思，现实情况多半会如此。

丰卦第五十五

丰 ䷶ 雷火丰

【原文】

丰①：亨，王假之；勿忧，宜日中。②

初九，遇其配主，虽旬无咎，往有尚。③

六二，丰其蔀，日中见斗，往得疑疾；有孚发若，吉。④

九三，丰其沛，日中见沫；折其右肱，无咎。⑤

九四，丰其蔀，日中见斗；遇其夷主，吉。⑥

六五，来章，有庆誉，吉。⑦

上六，丰其屋，蔀其家，窥其户，阒其无人，三岁不觌，凶。⑧

【注释】

①丰：卦名。下离上震，象征丰厚盛大。

②亨：用作"享"，意思是祭祀。假：到。日中：中午。

③配主：女主人。旬：均，相当。《易经》崇阳抑阴，所以"旬"并不是最佳状态。尚：通"赏"。

④蔀：遮光之物。斗：星斗。疑疾：即疑嫉，猜忌。发：去。若：语助词，无义。

⑤沛：暗而无光的样子。沫，昏暗。肱：臂。

⑥夷主：相类似的人。夷，平，均。

⑦章：章：用作"璋"，意思是美玉。庆誉：喜庆和美誉。

⑧阒（qù）：空。觌：见。觌：看见。

【译文】

丰卦：象征丰厚盛大。举办祭祀大典，君王亲自去宗庙主祭，不必忧虑，宜考虑事业继续走向昌隆。

初九，途中受到女主人招待，跟她同居，没有灾祸。行旅得到了内助。

六二，用草和草席铺盖房顶，中午见到北斗星。行旅中得了怪病；买到残废了的奴隶。吉利。

九三，光明被遮蔽，中午一片昏黑，此时折断了右臂，也没有什么灾祸。

九四，光明被遮，就像中午出现北斗星。碰上自己的同类，则十分吉祥。

六五，获得美玉，大家庆贺称赞。吉利。

上六，房子大而空，用草和草席盖房顶。从门缝往里看，寂静无人，看来多年无人居住。凶险。

【解读】

《丰》，大也。以明而动，盛大之势也。二五阴柔中正。阴主利，故丰裕也。《序卦传》说："得其所归者必大，故受之以《丰》；丰者大也。"

《丰》卦是在阐释盛衰无常的道理，虽然卦名是盛大的《丰》，但全卦却暗无天日，谆谆告诫盛极必衰，必须警惕。应该居安思危，以诚信启发人民，精诚团结，任用贤能，积极作为，才能持盈保泰，享受丰盛的成果。

旅卦第五十六

旅 **火山旅**

【原文】

旅①：小亨，旅贞吉。

初六，旅琐琐，斯其所取灾。②

六二，旅即次，怀其资，得童仆，贞。③

九三，旅焚其次，丧其童仆；贞厉。④

九四，旅于处，得其资斧，我心不快。⑤

六五，射雉，一矢亡；终以誉⑥命。

上九，鸟焚其巢，旅人先笑，后号咷；丧牛于易⑦，凶。

【注释】

①旅：本卦的标题。旅的意思是行旅，商旅，全卦的内容也与此有关。标题的"旅"字是卦中多见词。

②琐琐：意思是三心二意。

③即次：住进客店。即就。次，旅店。童仆：仆人。贞：忠贞。

④焚其次：市场失火。

⑤处：止，此指旅行受阻。资斧：钱财。斧：斧形钱币。

⑥誉：美名。命：爵命。

⑦易：通"埸"，田边。

【译文】

旅卦：小事通。占问行旅得吉兆。

初六，旅途三心二意，离开住所，结果遭祸。

六二，旅人住入客店，怀中揣着钱财，并得到童仆的忠心侍奉。

九三，客店失了大火，童仆也跑掉了，十分危险。

九四，行到住处，虽然赚了钱，心里却不安。

六五，途中射野鸡，一箭中的，结果得到善射的美名。

上九，树上的鸟被毁，旅人先欢笑后哭号；在田边丢掉了耕牛，定遇凶险。

【解读】

《旅》卦阐释求安定的原则、态度。在不安定的状态中，一切都容易不正常，必须守正。应当从大处着眼，先求安定，不可斤斤计较于细节，必须翔实检讨，审慎决策，有万全准备，然后行动。更顺以谦逊的态度，结合群众，获得一切的支持与助力，措施应该正当得力。态度光明磊落，柔和顺其自然，把握中正原则，才能转危为安；切不可有恃无恐，倔强倨傲，得意忘形，能执其中，可谓智矣。

巽卦第五十七

巽 巽为风

【原文】

巽①：小亨，利有攸往，利见大人。

初六，进退，利武人之贞。②

九二，巽在床下，用史、巫纷若吉，无咎。③

九三，频④巽，吝。

六四，悔亡，田获三品。⑤

九五，贞吉，悔亡，无不利；无初有终；先庚三日，后庚三日⑥，吉。

上九，巽在床下，丧其资斧；贞凶。

【注释】

①巽：卦名。下巽上巽，象征顺从。

②进退：进进退退。武人：勇武之人。

③巽在床下：比喻顺从过分。史：祝史，专门从事祭祀活动的官。巫：即巫师。纷若：勤勉异常的样子。若，样子。

④频：一次接一次。

⑤田：田猎。三品：三类，指三种禽兽。

⑥先庚三日，后庚三日：庚前三日为丁日、戊日、己日；庚后三日即辛日、壬日、癸日。

【译文】

巽卦：象征顺从。柔弱者亨通顺利，宜于有所行动，顺从的对象是大德大才之人。

初六，进进退退，犹豫不前，应效仿勇敢之人。

九二，顺从过分而屈居君主床下，就像祝史、巫师勤勉忙碌的样子，会十分吉祥，没什么灾祸。

九三，一而再，再而三地顺应他人，定然招灾。

六四，危难困窘将会消解。打猎时捕获很多野兽。

九五，预示吉祥，危难困窘自行消除，无所不利，起初虽然不顺利，最后却能畅通无阻。法令实施前后均有所行动（令前通告，令后执行），定获吉祥。

上九，顺从过分而屈居床下，结果失掉了钱财之助和利斧之防，会有凶险。

【解读】

《巽》卦阐释谦逊的道理。在不安定中，必须谦逊，才能招揽人心，得到助力，始能转危为安。何况谦逊、顺从也是做人应有的态度，惟有谦逊、顺从，才能进入他人心中，进入万物之中，而被接纳。谦逊是顺从，但并非盲从，必须择善而从。谦逊亦非优柔寡断，更非自卑畏惧，当然也不是虚伪，而是应当正当，应当进取，事前叮咛周详，事后检讨得失，唯恐有所偏差的慎重态度；又必须恰如其分，不可过当。

兑卦第五十八

兑 ䷹ 兑为泽

【原文】

兑①：亨，利贞。

初九，和兑，吉。

九二，孚兑，吉，悔亡。

六三，来兑，凶。②

九四，商兑未宁，介疾有喜。③

九五，孚于剥，有厉。④

上六，引兑⑤。

【注释】

①兑：卦名。兑的意思是悦，高兴，愉快。全卦的内容主要是讲国与国之间的邦交。标题的"兑"字是卦中多见词。

②来兑：前来谄媚取悦。

③商：谈判。宁：定下来，得出结果。

④剥：指损伤正道。

⑤引：引导。

【译文】

兑卦：亨通。吉利的占问。

初九，和睦愉快，吉利。

九二，心怀诚信，别人喜悦，十分吉祥，危难困窘将自行消除。

六三，前来献媚以求欢悦，定有凶险。

九四，谈判和睦相处的问题，尚未得出结果。小摩擦容易解决。

九五，施诚取信于损害正道者，则会有危险。

上六，引导大家和睦相处。

【解读】

《兑》，说也。一阴升于二阳之上，说之见于外也。其为泽象，坎水云其下流之象。《序卦传》说："入而后说之，故受之以《兑》；兑者，说也。"轻歌悦耳，美景悦目，是人情之所"欣悦"之事。《兑》卦所阐释者，乃"欣悦"之道。强调以"刚中柔外"为悦，即刚为柔本、悦不失正。使人欣悦、欢乐，可促使人际关系和谐，使人民欣悦、欢乐，就能诚心诚意服从领导，不辞辛劳，不畏牺牲。

这是顺天应人的道理，但动机必须纯正，正当有利，明辨是非，光明磊落，内刚外柔，坚持原则，诚信为本。

涣卦第五十九

涣 ䷺ 风水涣

【原文】

涣①：亨，王假有庙，利涉大川，利贞。

初六，用拯马壮②吉。

九二，涣奔其机，悔亡。③

六三，涣其躬④，无悔。

六四，涣其群，元吉；涣有丘，匪夷所思。⑤

九五，涣汗其大号，涣王居，无咎。⑥

上九，涣其血去逖出，无咎。⑦

【注释】

①涣：卦名。涣的意思是洪水。全卦的内容是讲水灾水患。

②用拯马壮：用壮马拯救。

③机：几，几案，供祭祀之用。

④躬：身。

⑤群：众人。丘：山陵。匪夷所思：不是平常所能想的。匪，非；夷，平，平常。

⑥大号：王命。居：占有。

⑦血：用作"恤"，意思是忧患。去：消除。逖：用作"惕"，意思是警惕。出：产生。

【译文】

涣卦：象征大水流散。进行祭祀大典，君王亲自去宗庙祭祀祖先，宜于涉越大江大河，利卦。

初六，乘强壮之马去救济患难，极为吉祥。

九二，汹猛的洪水冲毁了屋基，悔恨极了。

六三，洪水冲到身上，无灾无悔。

六四，解散私党，促成空前的团结，可不是常人所能想到的。

九五，像发汗一样出而不复地颁布君王的诏命，并疏散君王聚敛的财富以救助天下万民，必无灾祸。

上九，洪水的忧患消除了，但要提防灾难重现，就不会有灾祸。

【解读】

《涣》，离散也。下坎上巽，风行水上，离披解散之象。《序卦传》说："说而后散之，故受之以《涣》；涣者离也。"《涣》卦所谓"涣散"，并非立义于"散乱"，而是兼从对立的角度揭示"散"与"聚"互为依存的关系。在富裕宽松的条件下，在丰盛安逸的环境中，人心容易涣散，以致离心离德，重私利而忘公益，使风气败坏，破坏团结，必须及时拯救。

因此，在初度显露涣散迹象时，就必须以强有力的措施和对策，及时挽救。首先应顺乎民情，先求安定；并且消除私心，消灭派系，抑止私欲，革除弊端，为大众造福。惟有牺牲小我，完成大我，才能促成大团结，重新获得安定团结。

节卦第六十

节 ䷂ 水泽
节

【原文】

节①：亨；苦节②，不可，贞。

初九，不出户庭，无咎。

九二，不出门庭，凶。

六三，不节若③，则嗟若④，无咎。

六四，安节⑤，亨。

九五，甘节，吉，往有尚。⑥

上六，苦节；贞凶，悔亡。

【注释】

①节是本卦的标题。节的意思是节制、节俭和礼节。全卦的内容讲礼节和节约。标题的"节"字与内容有关，又是卦中的多见词。

②苦节：意思是以节制为苦事。

③若：句尾的助词，没有实际意义。

④嗟：感慨，叹息。

⑤安节：意思是安于节俭的生活。

⑥甘节：即甘于节俭，以节俭为乐。甘，甘美，快乐。

【译文】

节卦：亨通。以节制守礼为苦事，吉凶不可占问。

初九，在家室内不出门，没有灾祸。

九二，在庭院内不出门，凶险。

六三，不知节俭守礼，就会后悔叹息。知道就没有灾祸。

六四，安于节制守礼的生活，亨通。

九五，以节俭为乐事，可获吉祥，有所行动必将得到奖励。

上六，以节俭为苦事而过分节俭，必有凶险，但若能觉悟，困窘会自行消解。

【解读】

《节》卦阐释节制的原则。节制是美德，但盲目节制，就有危险；欲望无穷，难以满足，必须节制，使之不越常规。

节制过度与不及，都将造成伤害，必须恰如其分。来知德将"甘节"誉为"节之尽善尽美"，"立法于今，而可以垂范于后也。"

中孚卦第六十一

中孚 ䷼ 风泽中孚

【原文】

中孚①：豚鱼吉，利涉大川，利贞。②

初九，虞吉，有它不燕。③

九二，鹤鸣在阴，其子和之；我有好爵，吾与尔靡之。④

六三，得敌，或鼓或罢，或泣或歌。⑤

六四，月几望，马匹亡⑥，无咎。

九五，有孚挛如⑦，无咎。

上九，翰音登于天，贞凶。⑧

【注释】

①中孚：卦名。意思是心中诚信。全卦的内容是讲礼仪。标题与内容有关。

②豚鱼：小猪和鱼。这两样东西是献祭和行礼时常用的物品。

③虞：安。它：别的，指事端。燕：通"晏"，安。

④阴：通"荫"。和：应和。好爵：美酒。爵，酒器，借指酒。尔：你。靡：共享。

⑤得敌：遭遇强劲的对手。敌，对手。或：有的。罢：通"疲"。

⑥亡：丧失。

⑦挛（luán）如：捆得紧紧的样子。

⑧翰音：鸡，这里指用鸡祭天。

【译文】

中孚卦：行礼时献上小猪和鱼，吉利。有利于渡过大江大河。吉利的占问。

初九，安守诚信之德就可获吉祥，但是假若另有他求则不会安宁。

九二，鹤在树荫之下鸣叫，小鹤应声随和；我有美酒一杯，愿和你共享其乐。

战胜了敌人，有的乘胜追击，有的凯旋收兵，有的高兴流泪，有的放声歌唱。

六四，月儿将圆时，走失一匹好马，没有什么灾祸。

九五，抓到俘虏，紧紧捆住。没有灾祸。

上九，用鸡祭祖上天。占问得凶兆。

【解读】

"孚"，信也。本卦二阴在内，四阳在外，二五阳刚皆得中，中虚外实，皆孚顺之象。《中孚》卦的中心思想，在于阐明"中心诚信"的意义和原则。

孔子曾经反复以"信"德施教，《论语》二十篇屡屡强调这一宗旨，如"敬事而信"（《学而》），"主忠信，徙义崇德也"（《颜渊》），"人而无信，不知其可也"（《为政》）。诚信是人立身处世的根本。

小过卦第六十二

小过 ䷽ 雷山
小过

【原文】

小过①：亨，利贞；可小事，不可大事；飞鸟遗之音，不宜上，宜下，大吉。②

初六，飞鸟以凶。③

六二，过其祖，遇其妣；不及其君，遇其臣，无咎。④

九三，弗过防之，从或戕之⑤，凶。

九四，无咎，弗过遇之；往厉必戒，勿用，永贞。⑥

六五，密云不雨，自我西郊；公弋取彼在穴。⑦

上六，弗遇过之；飞鸟离⑧之，凶，是谓灾眚。

【注释】

①小过：卦名。"过"有经过和责备两个意思，全卦的内容主要是讲对批评的看法。

②飞鸟遗之音：鸟飞去以后，其鸣遗音犹存。

③以：与，带来。凶：凶兆。

④过：越过。祖：祖父。妣：祖母。

⑤从或戕之：放纵自己会有被人杀害的危险。

⑥弗过遇之：不要过分求进而强求遇合。

⑦公弋取彼在穴：王公射鸟，在穴中找到了鸟。弋（yì），带丝绳的箭，射中猎物可以拉回。

⑧离：用作"罗"，意思是网，指捕鸟的网。

【译文】

小过卦：亨通，吉利的占问。对小事有利，对大事不利。飞鸟经过，叫声还留在耳际。对大人不利，对小人有利。大吉大利。

初六，飞鸟带来危险兆头。

六二，逾越祖父，而和祖母相见；不到君王那里，而与臣下接触，没有灾祸。

九三，不要过分指责，但要防止错误发展。倘若放任不管，就是害他。凶险。

九四，没有灾祸，不过分求进而强和他人遇合。有所行动便有危险，必须加以警惕。占问长久之事，筮得此爻不宜施行。

六五，浓云密布却不下雨，云气从自己城池的西郊升起，君王动武，在一个洞穴里边寻找到他。

上六，对没有错的人不表扬，反而批评，像网罗网飞鸟，凶险，这就叫灾祸。

【解读】

《小过》卦的中心思想，在于阐释"过"与"敛"的道理。信心十足，必然会有行动，行动有时难免过度，但过度与收敛的分际，必须明辨。在消极方面，对自己要求稍为过度，有益无害。然而，在积极方面，则不宜过度，好高骛远，自不量力，甚至招致杀身之祸。因而，过与敛、刚与柔，相应时机，适当节制，变通运用，即或是正义，也不可过度固执，以致处置过当，反而造成伤害。过度不足以成大事，极端过度，将为自己招致灾祸。古人云：无过无不及，可谓识时务者，为俊杰也。

既济卦第六十三

既济 ䷾ 火水
未济

【原文】

既济^①：亨小，利贞；初吉终乱。

初九，曳其轮，濡其尾，无咎。^②

六二，妇丧其茀^③，勿逐，七日得。

九三，高宗伐鬼方，三年克之；小人勿用。^④

六四，繻有衣袽，终日戒。^⑤

九五，东邻杀牛，不如西邻之禴祭，实受其福。

上六，濡其首，厉。

【注释】

①济：卦名。既的意思是已经，济的意思是渡水和成功、成就。

②曳（yè）：拖拉。尾：车尾。

③茀（fú）：意思是头巾。

④高宗伐鬼方：殷高宗讨伐鬼方。鬼方，殷代西北边境上的部落。

⑤繻有衣袽：华服将变成破衣。繻：彩色丝帛，这里指华服；袽：败衣。

【译文】

既济卦，亨通，有小吉利的占问。开始吉利，结果会出现变故。

初九，牵引着车轮前行，水弄湿了车尾，但是并无灾祸。

六二，妇人丢失了头巾，不用去找，七天内会失而复得。

九三，殷高宗武丁讨伐鬼方国，用了三年才取胜。对小人不利。

六四，美服行将变成破衣，应当终日戒惕以防灾祸。

九五，东面邻国杀牛举行盛大祭祀，不如西边邻国只举行比较简单的祭祀那样更享福祐。

上六，过河时打湿了头部，危险。

【解读】

这一卦的"卦辞",并不吉祥,以下六爻占断,也都有警惕的语气。宇宙间一切最美好的事情,也愈隐藏着危机。由这一卦,就可以看出《易经》含义的深长和阴阳消长的变易。

成功,往往是令人十分兴奋的时刻,然而,物极必反的规律,却难以违背。创业固然艰辛,守成更加不易。在创业的时期,朝气蓬勃,人人奋发有为,可是,一旦成功,就会骄纵得意忘形,满足现状,以致暮气沉沉,不可能有大的作为。终于,内忧外患接踵而来。

大自然的奥秘,就在于错综复杂,推演变化于无穷,始能生生不息。极度完成,变化规律就失去应有的弹性,反而僵化,丧失活力,走向没落。所以一切最美丽的事业,潜伏着极大的变化。

未济卦第六十四

未济 ䷿ 火水
未济

【原文】

未济①：亨；小狐汔②济，濡其尾，无攸利。

初六，濡其尾，吝。

九二，曳其轮，贞吉。

六三，未济，征凶。利涉大川。

九四，贞吉，悔亡；震用伐鬼方，三年有赏于大国。③

六五，贞吉，无悔；君子之光④，有孚吉。

上九，有孚于饮酒，无咎；濡其首，有孚失是。⑤

【注释】

①未济：卦名。下坎上离，象征事功未成。

②汔（qì）：用作"几"，意思是将要。

③震用：动用，指兴兵征战。震，动。大国，指殷商，又称大邦、大殷。

④光：光辉。

⑤孚：通"浮"，罚。此句两个"孚"字均为此义。是：用作"题"，意思是额部，这里代指头部。

【译文】

未济卦：亨通。小狐狸将要渡过河，打湿了尾巴。没有什么吉利。

初六，沾湿了尾巴，将会有艰难之事发生。

九二，向后拖曳车轮而不使急进，吉祥之卦。

六三，事业未成，急于求进，定有凶险。有了这样的认识，宜于涉越大江大河。

九四，占得吉兆，没有悔恨。周人动员出征，讨伐鬼方，三年取胜，得到大国殷的赏赐。

六五，占得吉兆，没有悔恨。打胜仗，抓俘虏，是君子的荣耀。吉利。

上九，满怀信心去饮酒，没有灾祸。让酒沾湿脑袋，就应受到责罚，因为失掉了正道。

【解读】

未济，事至坏之时也。火上水下。水火不相为用，六爻阴阳，皆失其位，故为《未济》也。《序卦传》说："物不可穷也，故受之以《未济》终焉。"

成功，为极度的完成，但宇宙间的一切，不可能永远圆满，就此中止。始终在酝酿之中，必然由亏而盈，由满而损，反复循环，继续演变，发展于无穷，具备无限潜力，但未来永远充满光明与希望，成为积极奋发的动力。

当成功与未成功的边缘，更是危机四伏，是艰苦的关键时刻，成功与失败，往往就在这一刹那之间，突然到来。更要应当坚守正道，把握中庸原则，刚柔并济，不可掉以轻心；必须量力，适度节制，不可逞强，以致功亏一篑。

春秋左传选录

隐公（元年～十一年）

元年经

元年春，王正月。

三月，公及邾仪父盟于蔑。

夏五月，郑伯克段于鄢。

秋七月，天王使宰咺来归惠公、仲子之赗。

九月，及宋人盟于宿。

冬十有二月，祭伯来。

公子益师卒。

元年传

【原文】

惠公^①元妃孟子。孟子卒，继室以声子，生隐公^②。

宋武公生仲子，仲子生而有文在其手，曰为鲁夫人，故仲子归于我^③。生桓公而惠公薨，是以隐公立而奉^④之。

【注释】

①惠公：鲁惠公，春秋时期鲁国国公。

②隐公：鲁桓公的兄长。

③归于：出嫁，嫁给某人。

④奉：辅佐。

【译文】

鲁惠公的元配夫人叫孟子。孟子去世后，续娶了声子，生下隐公。

宋武公生有仲子，仲子生下来就有字在手掌上，说"当鲁国夫人"，所以仲子也嫁给我们鲁国，生下桓公，不久桓公去世，因此隐公摄政，却奉戴桓公为鲁君。

元年春，王周正月，不书即位，摄①也。

三月，公及邾仪父盟于蔑——邾子克也。未王命，故不书爵。曰"仪父"，贵②之也。公摄位而欲求好于邾，故为蔑之盟。

夏四月，费伯帅师城郎③。不书④，非公命也。

【注释】

①摄：代理，指代理国事。
②贵：尊重，重视。
③城：修筑城墙之意。
④书：记载，记录。

【译文】

元年春，周王朝立法的正月，《春秋》没有记载隐公即位，这是因为他只是代理国政。

三月，隐公和邾仪父在蔑会见，邾仪父就是邾子克。由于邾仪父还没有受周朝正式册封，所以《春秋》没有记载他的爵位，之所以称他为"仪父"，是尊重他。隐公代理朝政而想要和邾国友好，所以在蔑地举行了盟会。

夏四月，费伯率领军队在郎地筑城。《春秋》没有记录这件事情，是因为这不是奉隐公的命令。

【原文】

初①，郑武公②娶于申，曰武姜，生庄公及共叔段。庄公寤生，惊姜氏，故名曰寤生，遂恶之。爱共叔段，欲立之。亟请于武公，公弗许。及庄公即位，为之请制。公曰："制，岩邑③也，虢叔④死焉，佗邑唯命。"请京⑤，使居之，谓之京城大叔。祭仲⑥曰："都，城过百雉，国之害也。先王之制：大都，不过参国之一；中，五之一；小，九之一。今京不度，非制也。君将不堪⑦。"公曰："姜氏欲之，焉⑧辟害？"对曰："姜氏何厌之有？不如早为之所⑨，无使滋蔓！蔓，难图也。蔓草犹不可除，况君之宠弟乎？"公曰："多行不义，必自毙⑩，子姑待之。"

【注释】

①初：起初。

②郑武公：名掘突，桓公之子。

③岩邑：地势险要的边城。

④虢（guó）叔：东虢国的国君。

⑤京：地名，在今河南荥阳县东南。

⑥祭仲：郑国大夫。

⑦堪：经受得住。

⑧焉：怎么，哪里。

⑨所：安排。

⑩毙：灭亡，必自毙：指自取灭亡。

【译文】

当初，郑武公在中国娶妻，名叫武姜，生下了姜公和共叔段。庄公是脚先头后出生的，这是难产，使姜氏很惊讶，因此给他取名叫寤生，并且很讨厌他。姜氏很宠爱共叔段，想立他为太子。屡次向武公请求，但是武公不答应。等到庄公继承国君之位后，姜氏请求将制地作为共叔段的封邑，庄公说："制地形势险峻，虢叔曾经死在那里。其他地方都可以听命。"姜氏又改请求封京城，让共叔段住在那里，称为京城太叔。祭仲说："凡属国都，城墙周围的长度超过三百丈，就会给国家带来灾难。先王制定的制度：大地方的城墙，不超过国都的三分之一；中等的，不超过其五分之一；小的，不超过其九分之一。如今京城的城墙不符合先前规定的制度，这不是该有的，您会忍受不了。"庄公说："姜氏要这样，怎么能避免祸害呢？"祭仲回答说："姜氏怎会得到满足？不如早作打算，不要让她滋生事端，一旦蔓延就很难对付了。蔓延的野草尚且不能铲除掉，何况是您宠爱的弟弟呢？"庄公说："多行不义的人，必然会自取灭亡。您就等着瞧吧！"

【原文】

既而大叔命西鄙①、北鄙贰于己。公子吕②曰："国不堪贰，君将若之何？欲与大叔，臣请事之；若弗与，则请除之。无生民心。"公曰：

"无庸③，将自及。"大叔又收贰以为己邑，至于廪延。子封曰："可矣，厚将得众。"公曰："不义，不昵④，厚将崩。"

大叔完聚⑤，缮甲兵，具卒乘⑥，将袭郑。夫人将启之⑦。公闻其期，曰："可矣！"命子封帅车二百乘⑧以伐京。京叛大叔段，段入于鄢⑨，公伐诸鄢。五月辛丑，大叔出奔共。

【注释】

①鄙：边境。
②公子吕：郑大夫，字子封。
③庸：用途、用处。
④昵：亲近。
⑤完：完善。聚：积聚。
⑥具：具备、完备。
⑦夫人：指武姜。
⑧帅：率领。
⑨鄢：今天河南鄢陵境内。

【译文】

不久，太叔命令西部和北部的边境听从姜公之命，又听自己的命令。公子吕说："国家不能两面听命，您打算怎么办？您要把君位让给太叔，下臣就去侍奉他；如果不给，那就请将他除掉，不能让老百姓产生疑虑。"庄公说："用不着，他将会自食其果。"太叔又收取原来两属的地方作为自己的封邑，并扩展廪延一带。子封说："可以动手了。他势力一大，将会争得民心。"庄公说："没有正义的人将无法号召他人，势力虽然庞大，却也会崩溃的。"

太叔整治城郭，储备粮草，补充武器装备，充实步兵车兵，准备袭击郑国都城。姜氏准备作为内应为其打开城门。庄公听说太叔起兵的日期，说："可以了。"于是命令子封率领二百辆战车攻打京城。京城的人反叛太叔，太叔逃到鄢地。庄公赶往鄢地进攻他。五月二十三日太叔又逃到共地。

【原文】

书曰："郑伯克段于鄢。"段不弟，故不言弟；如二君，故曰"克"；

称郑伯，讥失教也；谓之郑志，不言出奔，难之也。

遂置姜氏于城颍，而誓之曰："不及黄泉，无相见也！"既而悔之。

颍考叔为颍谷封人，闻之，有献于公。公赐之食。食舍肉。公问之。对曰："小人有母，皆尝小人之食矣；未尝君之羹①，请以遗②之。"公曰："尔有母遗，繄我独无！"颍考叔曰："敢问何谓也？"公语之故，且告之悔。对曰："君何患焉？若阙地及泉，隧而相见，其谁曰不然？"公从之。公入而赋⑤："大隧之中，其乐也融融！"姜出而赋："大隧之外，其乐也泄泄。"遂为母子如初。

【注释】

①羹（gēng）：调和五味做成的带汁的肉。
②遗（wéi）：赠送。

【译文】

《春秋》说："郑伯克段于鄢。"太叔的所作所为不像兄弟的做法，故不言弟字；兄弟相争，就像两个国君打仗一样，故用"克"字；把庄公称为"郑伯"是讥刺他没有尽教诲之责；《春秋》这样记载表明庄公的意图。不说"出奔"，是因为史官不能这样写。

于是庄公就把姜氏安置在颍城，发誓说："不到黄泉下不再见面。"但不久后有十分后悔。

颍考叔当时在颍谷做边疆护卫长官，听闻此事后，就献给庄公一些东西。庄公赏赐给他食物。在吃的时候，不吃肉而是将其留下。庄公问他原因，他说："我有母亲，我孝敬她的食物她都已尝过了，就是没有尝过您的肉汤，请允许我带回给她吃。"庄公说："你有母亲可送，咳！我却没有！"颍考叔说："请问这是什么意思？"庄公对其说明了缘由，并且说自己非常后悔。颍考叔回答说："这有什么可忧虑的呢？如果挖地见到泉水，在隧道里见面，那还会有谁说您不对？"庄公听从了颍考叔的意见。庄公进了隧道，赋诗说："在隧道里相见，多么愉快啊！"姜氏走出隧道，也赋诗说："走出大隧外，多么舒畅啊。"于是母子和好如初。

【原文】

君子曰："颍考叔，纯孝也，爱其母，施及庄公。《诗》曰：'孝子不匮①，永锡尔类。'其是之谓乎！"

秋七月，天王②使宰咺来归惠公、仲子之赗。缓，且子氏未薨，故名。天子七月而葬，同轨③毕至；诸侯五月，同盟至；大夫三月，同位至；士逾月，外姻④至。赗死不及尸，吊生不及哀，豫凶事⑤，非礼也。

【注释】

①匮：匮乏。
②天王：周天子，此处指周平王。
③同轨：轨，诸侯，同轨，指各诸侯。
④外姻：外戚姻亲，泛指亲戚。
⑤豫：提前，预先。

【译文】

君子说："颍考叔可算是真正的孝子，爱他的母亲，而且扩大并影响到庄公。《诗》说：'孝子之孝无穷无尽，可永远影响到他的同类。'说的就是这样的事情吧！"

秋季，七月，周平王派遣宰咺来赠送鲁惠公和仲子的吊丧礼品。惠公已经下葬，这是迟了，而仲子还没有死，所以《春秋》直接写了宰咺的名字。天子死了七个月后才下葬，诸侯都来参加葬礼；诸侯死了五个月后下葬，同盟的诸侯参加葬礼；大夫死了三个月后下葬，官位相同的来参加葬礼；士死了一个月以后下葬，亲戚参加葬礼。然而向死者赠送东西没有赶上下葬时间，向生者吊丧没有赶上举哀的时间，预先赠送用于丧事的物品，这都不合乎礼节。

【原文】

八月，纪人伐夷①。夷不告，故不书。有蜚，不为灾，亦不书。惠公之季年②，败宋师于黄③。公立而求成⑤焉。九月，及宋人盟于宿，始通⑥也。

【注释】

①纪人：纪国人。
②季年：晚年。

③黄：地名，在河南杞县北。

⑤求成：讲和。

⑥通：通好。

【译文】

八月，纪国讨伐夷国。夷国没有前来报告，故《春秋》不记载。发现有蜚盘虫，没有造成灾害，故《春秋》也不加记载。惠公晚年，在黄地打败了宋国。隐公即位，要求与宋人和谈。九月，和宋人在宿地结盟，两国开始友好起来。

【原文】

冬十月庚申，改葬惠公。公弗临①，故不书。惠公之薨也，有宋师，太子少，葬故有阙②，是以改葬。卫侯来会葬，不见公，亦不书。郑共叔之乱，公孙滑③出奔卫。卫人为之伐郑，取廪延。郑人以王师、虢师伐卫南鄙。请师于邾，邾子使私于公子豫。豫请往，公弗许，遂行，及邾人、郑人盟于翼④。不书，非公命也。新作南门，不书，非公命也。

十二月，祭伯来，非王命也。众父卒，公不与小敛，故不书日。

【注释】

①弗临：未到场。

②阙：欠缺。

③公孙滑：共叔段之子。

④翼：位于今山东费县西南。

【译文】

冬季，十月十四日，改葬鲁惠公。由于隐公不敢以丧主的身份到场哭泣，所以《春秋》不加记载。惠公死时，恰好遇上和宋国打仗，由于太子年幼，葬礼并不完备，所以改葬。卫桓公来鲁国参加葬礼，未见到隐公，《春秋》也不加记载。

郑国共叔段叛乱，段的儿子公孙滑逃到卫国。卫国人替他进攻郑国，占领了廪延。郑国率领周天子的军队、虢国的军队进攻卫国南部边境，同时又请求邾国出兵。邾子派人暗地里和公子豫商量，公子豫请求出兵援救，隐公不肯，公子豫就自己走了，和邾国、郑国在翼地会盟。《春秋》不记载，因为不是出于隐公的命令。新建南门，《春秋》不记载，也不是出于隐公的命令。

十二月，祭伯来，并不是奉周王的命令。众父去世后，隐公并未参加衣衾加于死者之身的小敛，所以《春秋》不记载死亡的日子。

十一年经

十有一年春，滕侯、薛侯来朝。

夏，公会郑伯于时来。

秋七月壬午，公及齐侯、郑伯入许。

冬十有一月壬辰，公薨。

十一年传

【原文】

十一年春，滕侯、薛侯来朝，争长①。薛侯曰："我先封。"滕侯曰："我，周之卜正也②；薛，庶姓③也。我不可以后之。"

公使羽父请④于薛侯曰："君与滕君辱在寡人，周谚有之曰：'山有木，工则度之；宾有礼，主则择之。'周之宗盟，异姓为后。寡人若朝于薛，不敢与诸任齿。君若辱贶⑤寡人，则愿以滕君为请。"薛侯许之，乃长滕侯。

【注释】

①争长：争班列的先后。

②周：指周朝。

③庶姓：外姓，非周朝同姓。

④请：有开导之意。

⑤贶：施恩。

【译文】

十一年春季，滕侯和薛侯前来朝见鲁君，两人争执行礼的先后。薛侯说："我先受封"滕侯说："我是周朝的卜正官，薛国是外姓，我不能落后于他。"

鲁隐公派羽父向薛侯商量说："承君王和滕侯问候寡君，成周的俗话说：'山上有树木，工匠就加以量测；宾客有礼貌，主人就加以选择。'周朝的会盟，异姓在后面。寡人如果到薛国朝见，不敢和任何姓的诸侯国并列。如果承君王加惠于我，那就希望君王同意滕侯的请求。"薛侯同意，就让滕侯先行朝礼。

【原文】

夏，公会郑伯于郲，谋伐许也。

郑伯将伐许。五月甲辰，授兵于大宫①。公孙阏与颍考叔争车，颍考叔挟辀②以走，子都拔棘③以逐之。及大逵④，弗及，子都怒。

【注释】

①授兵：分发兵器。
②辀：车辕。
③棘：即戟，戟为戈与矛两种兵器结合而成。
④大逵（kuí）：大路，四通八达的路叫逵。

【译文】

夏季，隐公和郑庄公在郲地相见，策划攻打许国。

郑庄公准备进攻许国时，五月十四日，在太祖庙内分发兵器。子都和颍考叔争夺兵车，颍考叔挟起车辕奔跑，子都拔出戟往前追去。追到大路没有追上，子都非常愤怒。

【原文】

秋七月，公会齐侯、郑伯伐许。庚辰，傅①于许。颍考叔取郑伯之旗蝥弧②以先登，子都自下射之，颠。瑕叔盈③又以蝥弧登，周麾④而呼曰："君登矣！"郑师毕登。壬午，遂入许。许庄公奔卫。

齐侯以许让公。公曰："君谓许不共⑤，故从君讨之。许既伏其罪矣，虽君有命，寡人弗敢与闻。"乃与郑人。

【注释】

①傅：迫近。

②蝥弧：旗帜的名称。

③瑕叔盈：郑大夫。

④周麾：遍招，挥舞。

⑤共：通"恭"，恭敬之意。

【译文】

秋季，七月，隐公会合齐僖公、郑庄公进攻许国。初一，军队汇合攻打许城。颍考叔拿着郑庄公的旗帜"蝥弧"争先登上城墙，子都用箭从下面射他，颍考叔摔下来死了。瑕叔盈扛着旗帜冲上城墙，挥动旗帜，大喊："国君登城了！"于是郑国的军队全部登上了城墙。初三，军队占领了许国。许庄公逃往卫国。

齐僖公把许国让给隐公。隐公说："君王说许国不交纳贡品，所以寡人才跟随君王讨伐它。许国既然已经认罪了，虽然君王有这样的好意，我也不敢参与这件事。"于是就把许国领土送给了郑庄公。

【原文】

郑伯使许大夫百里奉许叔以居许东偏①，曰："天祸②许国，鬼神实不逞③于许君，而假手于我寡人。寡人唯是一二父兄不能共亿③，其敢以许自为功乎？寡人有弟，不能和协，而使糊其口④于四方，其况能久有许乎？吾子其奉许叔以抚柔此民也，吾将使获也佐吾子。若寡人得没于地⑤，天其以礼悔祸于许，无宁兹许公复奉其社稷，唯我郑国之有请谒⑥焉，如旧昏媾⑦，其能降以相从也。无滋他族实偪处此，以与我郑国争此土也。吾子孙其覆亡之不暇，而况能禋祀许乎？寡人之使吾子处此，不唯许国之为，亦聊以固吾圉⑧也。"乃使公孙获处许西偏，曰："凡而器用财贿⑨，无寘于许。我死，乃亟去之！吾先君新邑于此，王室而既卑矣，周之子孙日失其序⑩。夫许，大岳之胤也，天而既厌周德矣，吾其能与许争乎？"

【注释】

①许叔：许庄公的弟弟，后即位为穆公。

②天祸：上天降祸。东偏：东部边境小邑。

②不逞：指不满意。

④糊其口：寄食，乞食。

⑤得没于地：得以寿终埋葬于地。

⑥谒：告。

⑦昏媾：有婚姻关系亲属的统称。

⑧固：边境。

⑨而：通"尔"，你的意思。贿：贷，物品。

⑩序：通"绪"，事业的意思。

【译文】

郑庄公让许国大夫百里侍奉许叔住在许都的东部边邑，说："上天给许国降下灾难，是鬼神对许君有不满意之处，因而借我的手对他进行惩罚，可是我这儿连一两个父老兄弟都不能和睦，难道敢把讨伐许国作为自己的功劳？我有个弟弟，不能和和气气共同过日子，而使他四方求食，我难道还能长久占有许国？您应当侍奉许叔来安抚这里的百姓，我准备让公孙获也来帮助您。假若我能够善终，上天可能依礼撤回加给许国的灾难，让许公再来治理他的国家。那时候只要我郑国对许国有所请求，可能还会像对待老亲戚一样，降格而同意的。不要让别国逼近我们住的这里，来同我郑国争夺这块土地。我的子孙挽救危亡还来不及，难道还能替许国敬祭祖先吗？我让您留在这里，不仅为了许国，也是姑且巩固我的边疆。"于是就让公孙获住在许城的西部边境，对他说："凡是你的器用财物，不要放在许国。我死后就赶紧离开这里。我祖先在这里新建城邑，眼看周王室已经逐渐衰微，我们这些周朝的子孙一天天丢掉自己的事业。而许国，是四岳的后代，上天既然已经厌弃了成周，我哪里还能和许国竞争呢？"

【原文】

君子谓郑庄公于是乎有礼。礼，经①国家，定社稷，序民人，利后嗣者也。许无刑而伐之，服而舍之，度②德而处之，量力而行之，相时而动，无累后人，可谓知礼矣。

郑伯使卒出豭③，行出犬、鸡，以诅射颖考叔者④。君子谓郑庄公"失政刑⑥矣。政以治民，刑以正邪。既无德政⑦，又无威刑，是以及邪。邪而诅之，将何益矣！"

①经：治理。
②度：考虑。
③卒：军队单位，一百人为一卒。
③貑（jiā）：公猪。
④诅：诅咒。
⑤政刑：政令和刑罚。
⑦德政：指仁德的政绩。

【译文】

君子认为郑庄公在这件事情处理上很有道理。礼，是治理国家、安定社稷、使百姓有秩序、使后代有利的大法。许国违背法度而庄公讨伐他们，服罪了就宽恕他们，揣度自己德行而决定事情，衡量自己的力量而办理事务，看准了时机而行动，不要让忧虑连累后人，可以说是懂得礼了。

郑庄公让一百名士兵拿出一头公猪，二十五人拿出一条狗和一只鸡，用来诅咒射死颍考叔的凶手。君子说："郑庄公失掉了政和刑。政用来治理百姓，刑用来纠正邪恶。既缺乏清明的政治，又没有威严的刑法，所以才产生了邪恶的事。已经发生邪恶而加以诅咒，有什么好处！

【原文】

王取邬、刘、芴、邘之田于郑，而与郑人苏忿生之田：温①、原、絺、樊、隰郕、攒茅、向、盟、州、陉、隤、怀。君子是以②知桓王之失郑也。恕而行之，德之则③也，礼之经也。己弗能有，而以与人，人之不至，不亦宜乎！

郑，息有违言④，息侯伐郑。郑伯与战于竟⑤，息师大败而还。君子是以知息之将亡也。"不度⑥德，不量力，不亲亲，不征辞，不察有罪。犯五不韪⑦，而以伐人，其丧师也，不亦宜乎！"

【注释】

①温：今河南县西南。

②是以：因此。

③德之则：道德的准则。

④违言：不满的、伤和气的话。

⑤竟：通"境"，指国境。

⑥度：揣度。

⑦不韪：不是，过错。

【译文】

周天子在郑国取得邬、刘、芴、邗的土田，却给了郑国人原来属于苏忿生的土田：温、原、絺、樊、隰郕、攒茅、向、盟、州、陉、隤、怀。君子因此知道桓王已失去郑国，认为按照恕道办事，是道德准则，常规礼节。自己不能拥有，却拿来送给别人，他人不来朝见，不也应该吗！

郑国和息国之间言论上有了冲突，息侯就进攻郑国。郑庄公和息侯在国境内作战，息国的军队大败而回。君子因此而知道息国将要灭亡了，认为"不衡量德行，不考虑力量，不亲近亲邻，不分辨是非，不查察有罪，息国犯了这五种错误，却还去讨伐别人，他丧失军队，不也是活该吗！"

【原文】

冬十月，郑伯以虢师伐宋。壬戌，大败宋师，以报其入郑也。宋不告命①，故不书。凡诸侯有命，告则书，不然则否。师出臧否②，亦如之。虽及灭国，灭不告败，胜不告克，不书于策。羽父请杀桓公，将以求大宰③。公曰："为其少故也，吾将授之矣。使营④菟裘，吾将老焉。"羽父惧，反谮公于桓公而请弑⑤之。

【注释】

①命：国家大事、政令。

②臧否：善恶得失。

③大宰：太宰，官职名。

④营：营建，建造。

⑤弑：古代指臣杀君、子杀父母。

冬十月，郑伯带着虢国的部队攻打宋国。十四日，宋国军队被打得大败，郑伯以此来报复宋国攻入郑国的那次战役。宋国没有来报告这件事，所以《春秋》未加记载。凡是诸侯发生大事，前来报告就记载，否则就不记载。出兵顺利或者不顺利，也是一样。即使国家被灭亡，被灭亡的国家不报告战败，获得胜利的国家不报告战胜，也不会记载在简册上。鲁国大夫羽父请求杀掉桓公，想夺取宰相官职。隐公说："从前由于他年轻的缘故，所以我代为摄政，现在我打算把国君的位子交还给他。已经派人在菟裘建筑房屋，我已经打算退休养老了。"羽父害怕，倒过来在桓公那里诬陷隐公而请求桓请求诸公杀掉隐公。

【原文】

公之为公子也，与郑人战于狐壤①，止焉②。郑人囚诸尹氏，赂尹氏，而祷于其主钟巫，遂与尹氏归，而立其主。十一月，公祭钟巫，齐于社圃，馆于寪氏。壬辰，羽父使贼弑公于寪氏，立桓公，而讨③寪氏，有死者。不书葬，不成丧也。

【注释】

①狐壤：郑地，所在不详。
②止：阻止，指被俘获。
②讨：讨伐。

【译文】

隐公还是公子的时候，曾率兵同郑国人在狐壤打仗，被擒获。郑国人把他囚禁在尹氏那里。隐公贿赂尹氏，并且在尹氏所祭神主钟巫前祈祷，于是就和尹氏一同回国而在鲁国立了钟巫的神主。十一月，隐公将要祭祀钟巫，在社圃斋戒，住在寪氏那里。十五日，羽父派刺客在寪家杀死隐公，立桓公为国君，并讨伐寪氏，寪氏有人被枉杀。《春秋》没有记载安葬隐公，是因为隐公没有被按国君的礼节埋葬。